拷问区块链

ブロックチェーン技術の未解決問題

[日] 松尾真一郎 楠 正宪 崎村夏彦
佐古和惠 佐藤雅史 林 达也
古川 谅 宫泽慎一 著

艾薇 译

人民东方出版传媒
People's Oriental Publishing & Media
東方出版社
The Oriental Press

序言

近年来，“区块链”这一技术关键词受到极大关注，公众对区块链带来的创新充满期待。尤其是2015年以后，甚至有人吹捧“区块链”是“颠覆性的技术”，堪比曾经的互联网革命。

区块链的对象不只限于金融领域

2008年，中本聪发表了比特币论文，这也被视作区块链的起源。最初，区块链技术作为改变金融的新技术而备受瞩目。2015年，随着各国纷纷考虑规范、限制加密货币，人们开始探索限制范围以外的其他应用，因而比特币的核心技术——区块链受到更多关注，其优良的性能及应用的可行性也获得了认可。除了金融科技（FinTech）领域，公众希望区块链能在更多领域大展拳脚。各国对区块链的研究广泛而活跃，以全球性金融机构和IT供应商为核心，不少企业，甚至政府机构都参与其中。

然而，人们对区块链技术的成熟度还存在诸多疑问。有人指出，现在的区块链技术不过相当于20世纪80年代后半期的互联网初期水平。

2016年6月18日（日本时间），一起区块链事故震惊世人。分布式自治组织（Distributed Autonomous Organization，以下简称The DAO）基于区块链平台——以太坊（Ethereum）而搭建，当天“The DAO”的服务器遭遇攻击，大量虚拟货币被盗取。“The DAO”的运行基于以太坊的程序代码，是一种分布式自治型投资基金。黑客利用代码的漏洞，对薄弱环节发起猛攻。风波过后，以太坊社区加强了安全防护，这也是重新审视区块链技术和问题的一大契机。

到了2017年，各种ICO（Initial Coin Offering）项目募集了巨额事业资本，区块链重新获得关注。伴随着比特币的价格暴涨和社区分裂，区块链相关的众多问题也陆续浮出水面。

现状与2000年的互联网泡沫如出一辙

正如互联网将以前由中心化组织（如电电公社[①]和NTT[②]）控制的通信主导权赋予普通市民一样，区块链技术有可能将之前中心化组织控制的数据存储权赋予普通大众。正因如此，不仅硅谷在盯着区块链，全球范围内的创新者都在关注这一领域。

回首互联网的发展历史，当下的区块链发展略有些冒失的意味。阿帕网（Advanced Research Projects Agency Network，以下简称ARPANET）诞生20年后，互联网才踏上商业化的进程。互联网商业化10年后，领英（LinkedIn）等社交网络服务（Social Networking Services，以下简称SNS）才登上历史舞台。积累技术、实现创新需要一定的时间积累，然

① 日本电信电话公社（Nippon Telegraph and Telephone Public Corporation）。

② 日本电报电话公司（Nippon Telegraph & Telephone）。

而区块链的发展却跳过了诸多步骤，现在业界对区块链的追捧，简直与2000年的互联网泡沫如出一辙。

与曾受追捧的ATM（Asynchronous Transfer Mode，非同步通信模式）相比，互联网更加冗长，人们普遍认为它发展不起来。但是有人坚信互联网能带来创新的民主化，他们一边保护这种可能性，一边解决了互联网的技术问题。

吸取互联网的教训

纵观时下，不少打着区块链幌子的活动都是“拉大旗作虎皮”，单纯被商机和金钱迷惑，其实并未理解区块链的本质价值。这也增加了风险，容易诱发互联网泡沫那样的悲剧。我们既要彻底理解区块链的创新本质，也要清楚区块链的成功路上，人们需要面对的各种难题。要想成为区块链时代的王者，就必须脚踏实地努力。这也是回顾互联网的起源、发展后所得出的宝贵历史教训。

笔者写作本书的目的在于揭示区块链时代的本质，为大家在新时代大展拳脚提供必要视角。有些国家的IT行业错过了互联网、软件时代的“规则改变（Game Change）”，面临区块链的大潮，希望各位读者认真思考存在的问题，把握时代本质，在大浪淘沙中顽强生存。

本书结构

本书首先介绍了区块链的基本知识和应用范例，从区块链的现状入手，提出问题，介绍探讨中的解决方向。本书的编写采用接力形式，整个团队都是常年从事加密、应用技术设计的研究者和技术人员。

希望本书能为读者提供符合技术特性、活学活用的有益材料，帮助大家深入了解未来社会活动的基础——区块链技术。

本书以日经 BP 社 IT 综合网站“IT pro”的 Web 连载《区块链真的改变世界吗》为基础。连载从 2016 年 6 月持续到 2017 年 2 月，着眼于区块链技术的本质和问题。连载中介绍的不少问题至今仍未解决，不少问题浮出水面，发生在你我身边，体现出连载的高度价值。

可以说，区块链的世界是变幻莫测的。本书加入了连载结束后的最新动态，介绍了亟待处理、“问题解决”重要性不断增加的区块链技术，丰富充实内容，最终编辑成册，希望本书对看过连载的各位读者也能有所裨益。

作者代表

乔治城大学、MIT 媒体实验室　松尾真一郎

目录

第 1 章

全面认识区块链

区块链的种类

利用区块链体系的各种平台，应用区块链原理的各式服务……时下，区块链的热潮扑面而来。区块链的应用多种多样，听到“区块链”这一关键词的场合也越来越多。

虽然人们把这些统称为区块链，但是每个分支的目的、设计理念、实现方法、对象应用等都各不相同。

（1）比特币平台和服务

例：Omni、Counternparty、ColoredCoins、Proof of Existence

（2）从比特币的概念、应用衍生出的新型加密货币

例：Litecoin、Monacoin

（3）在加密货币交易的基础上，融合“智能合约”技术，执行交易代码的全新平台

例：Ethereum（以太坊）、HyperLedger Fabric

（4）在（3）平台上实现的服务

例：The DAO、EverLeger

（5）特定用途或特定参与者使用的私链

例：MultiChain、HyperLedger Fabric

※本书发行时，上述处于实验、构想阶段的平台、项目或服务可能已经终止。

本书的写作目的是整合与区块链相关的各种观点。正式开始前，我们需要明确本书的写作对象——区块链——的通用概念。本章将选取区块链体系的共通要素，详细介绍区块链的含义。

区块链的分类方式多种多样，其中一种重要的分类方式就是“公链”和“私链”。这种分类方式依然存在争议，总体来看，开放使用权限的区块链即为“公链”，需要认证、受到制约的区块链被称作“私链”。

为了方便读者阅读和理解，本书内容以公链为主，而私链视作区块链的一种特殊形态，仅做简单介绍。

区块链的数据结构

提到区块链，大部分读者脑海中首先浮现出的是比特币，下面我们就来简单了解一下比特币所使用的区块链技术。

在比特币的世界中，用户数字签名的交易信息（Transaction）与记录信息的共享账本（Blockchain）相互联动，检查有无交易信息被篡改，作为存在的有效证明，防止比特币的不当使用。

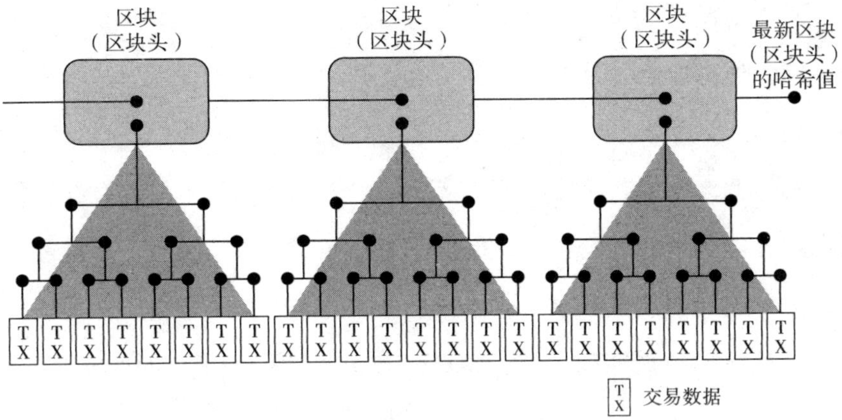

图 1–1　交易与区块的哈希值联动（图解）

比特币网络中，数据体系由一定间隔的区块组成，各种交易汇集其中，通过哈希函数生成交易数据的哈希值，各个哈希值彼此相连，最终形成哈希树（图 1–1）。

区块链的区块头中存储着哈希树顶点的哈希值，区块头部分生成新的哈希值，如此往复，形成新的区块。

这种结构保证了后一区块头始终包含前一区块头的哈希值。比特币产生至今，通过这种方式，已经形成了一系列的区块链条，也就是我们常说的“区块链”。即使有人篡改过去的交易数据，也会因为哈希值不匹配而迅速暴露，替换循环中的哈希值更是难上加难，几乎是不可能完成的任务。

这种方式保证了区块链的单向性，可确保过去交易的真实可靠，保障区块链系统的完整统一。

比特币使用工作量证明（Proof of Work）来计算挖矿（Mining）的收益，生成区块并在网络上共享，确保区块链的不变性。除比特币之外，对其他使用区块链的体系来说，尽管在生成方法和共享机制方面有所不同，但有一点是共通的，就是都能利用哈希链来证明过去交易历史的真实性。

实际上，这种监控数据有无篡改、是否真实的技术早已存在，并不新奇。比如监测数字签名相关数据有无篡改、是否连续时，就曾经使用过名为“迟滞签名（Hysteresis Signature）”的技术。此外，为了证明哈希链、哈希树数据准确可靠，ISO/IEC 18014-3 提出了“时间戳”技术，Surety、保时（Guardtime）公司可以提供类似服务。

与上述技术特性不同，类似地还有 RFC 4998/RFC 6283 的证据记录语法（Evidence Record Syntax，以下简称 ERS）技术。最近证书透明（Certificate Transparency，以下简称 RFC 6962）技术逐渐受到重视，其 SSL/TLS 服务器证书的记录、保存及公开也借助了哈希树等技术。哈希树是保存海量数据、提供存在证明的便捷手段，应用范围广泛，不过需要注意的是，一定要使用安全有效的哈希函数。

什么是真正的区块链

上文曾经提到，其实过去也有与区块链类似的技术存在。有人笼统地把所有使用哈希链、哈希树提供数据存在证明的体系都定义为“区块链”，这就显得有些宽泛了。

下面我们从两方面进行对比，看看区块链与以往技术有何差别。

1. 提供交易、代码运行的环境

以往技术以一般数据（例：电子合同中需要保存的文件、著作权保护对象的材料等）为对象，主要目标是提供数据的存在证明。与此相对，区块链的对象是加密货币的交易信息、可执行代码的合约和系统运行环境等。利用区块链技术，还可以提供一般数据的存在证明（Proof of Existence）等服务。

2. 目标是实现去中心化管理

以往技术存在的前提是有可靠的第三方机构做担保，由服务公司生成哈希链和哈希树，将需要校验的哈希值刊登在报纸或官方媒体上。长期以来，业内通过这样的方式避免篡改数据，维护数据的稳定准确。与之相对，区块链技术没有委托任何第三方机构参与管理，而是采用去中心化的模式进行管理。

以去中心化的方式管理区块链平台需要参与者各司其职，自律自制。唯有这样，系统才能发挥最大功能。

针对可利用价值（加密货币），引入相关规定（促进区块链参与者有效工作的“润滑油”），采用单向发展的结构（工作量证明规则等），这些措施的实施，有利于维护区块链网络的健康发展。

去中心化的管理需要用户共同参与，面临的生态系统也更加复杂多变。

去中心化的要素

在去中心化的区块链体系下，不需要特定机构负责管理和运营，生态系统中的所有用户共享策略、同守规则，下面我们就具体了解一下这一生态系统：

1. **制定区块链运营策略和规则的社区**

2. **提供区块链软件的开发者社区**

3. 使用软件、相当于网络节点的参与者（参与者往往身兼数职，具体作用细分如下）

3–1 进行或参考交易的用户（在区块链体系内使用货币进行交易、需要代码运行的消费者）

3–2 区块生成者

3–3 交易及历史记录的验证者

3–4 利用区块链技术在平台上编写代码（合约）的服务提供者

3–5 代码（合约）执行者

4. 使用区块链技术的服务提供者及其用户

制定规则的社区 1 规定了区块链技术的目的、范围、设计和运用方法，以及运营的相关策略和规则。

在决定的基础上，由开发者社区 2 利用软件实施这一规则。规则具体包括：交易方法、验证交易的方法、交易 / 合约的执行方式、生成和验证区块的方法、维持网络共享性和不变性的机制（工作量证明、权益证明）等。

现有的各种区块链中，制定规则的社区和开发者社区大多是一体的，也有开发者社区单独存在的情况。

区块链网络参与者使用的软件由开发者社区提供。区块链系统中没有特定机构进行控制，参与者间的利益平衡维持系统自行运转。也正因为这点，负责区块链整体运行方针的 1 和提供软件的 2 影响重大。

例如，共识达成机制是区块链网络中的一项规则，尽管网络参与者已经达成共识，但制定规则的社区和开发者社区可以通过排除特定参加者、进行重组等措施使区块链恢复到之前状态，废除网络共识。想必有读者想起了 The DAO 遭受攻击后引发的以太坊执行硬分叉事件，可见 3 的规则实施以 1 和 2 的科学管理为前提。

网络参与者间的力量关系

网络参与者间衍生出力量关系。在 3 的作用中，3–2 区块生成者的作用尤为重要。控制区块的生成，就可以回到过去的交易点，双重使用加密货币，阻止他人生成区块或实施交易。因此，业界也在积极讨论如何控制区块的生成。

区块链体系下，有的参与者“腰缠万贯”，拥有大量交易货币，也有人“囊中羞涩”。不少人从区块链产生之初就开始积累货币，而陆续又有新的用户参与其中，两者之间也产生了力量关系。高资产者超越 3 的框架，可以影响 1 和 2 的决定。

4 中的服务提供者既发挥 3 的作用，又向新手用户提供服务。提供服务的渠道包括：加密货币的交易、用户钱包管理（数字签名密钥的委托管理等）等区块链自带功能；以 The DAO 公司为代表的代码执行方式等。

无论是前者还是后者，如果服务的渠道不当或使用不当，不仅会给该用户带来损失，最坏的情况下，还会影响到系统的根本——区块链运行，损害信誉。

亟待解决的难题

区块链的去中心化管理面临众多难题，例如，如何科学管理制定规则的社区、开发者社区以及各种各样的网络参与者。此外，为了维持健康的区块链网络，如何维护用户的积极性也很重要。

这些难题的解决需要从整个生态系统的宏观角度出发，以系统的安全性为重要前提。规模越大，区块链平台上的服务越重要，问题也就越多。

区块链在各个领域“大展拳脚”，功能和规模的扩充也愈发出人意料。为了打造安全的区块链平台，我们必须理解区块链的整个生态系统。

佐藤雅史

西科姆（SECOM）股份有限公司 IS 研究所 交流平台事业部加密、认证基础小组主任研究员

第 2 章

共识达成机制——“工作量证明”

2

第1章已经介绍过，“去中心化”是区块链的重要特征之一。区块链由多个节点组成，各个节点分别保存交易记录。本章以交易记录的存储系统为重点，下面我们来逐一了解系统运行的基本原理。

记录保存系统三要素

作为记录保存系统的载体，从理论上来讲，区块链需要具备三种功能，即生成历史数据的“数据生成功能”、管理历史数据的“数据管理功能”、参考历史数据的“数据参考功能”。

区块链体系按照预先设定好的“规则”，最终决定哪些生成的数据适合作为历史记录保存。

用户对记录保存系统的要求很简单，即“保存合法数据生成者生成的数据”“保存后不可篡改”“用户可以便捷地参考已经保存的记录”。

如果数据管理员诚信可靠，那么普通的数据库就可以满足上述三点要求，即使没有区块链的参与，数据管理员也可以完成数据生成者的身份认证，接收、录入、管理所生成的数据。但是，如果数据管理员并不可信，用户就会惴惴不安，心存疑虑：“这些数据真是那个生成者录入的吗？”“管理员有没有随意篡改数据呢？”

保证一贯性的哈希链

区块链存在的意义即在于此。使用区块链技术后，数据管理员是否可信不再重要，系统可以轻松满足外部的各种需求。之所以有这样的效果，主要是因为区块链采用了数字署名技术和哈希链技术。

数据生成者为生成的数据添加数字署名（只有本人知晓的密钥及加密技术），数据管理员将署名的数据保存到系统之中。因为数据带有数字署名，就算是管理员，也无法对内容进行任何修改。一旦有人强行篡改，用户参考数据时，署名验证环节（利用生成者公开的密钥确认数据是否一致）就会出现问题，露出马脚。

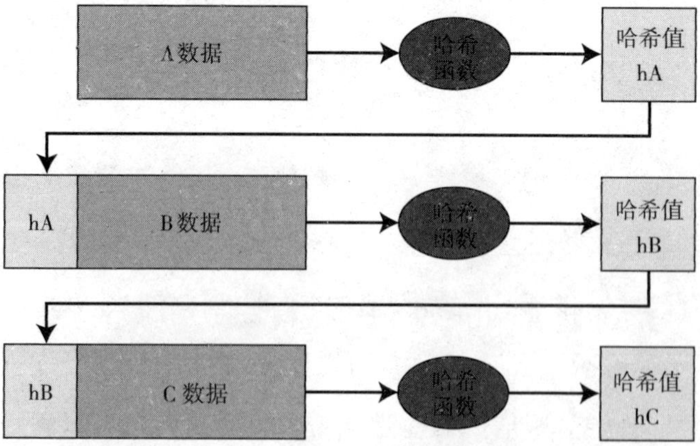

图 2–1　哈希链的基本构造

数字署名技术可以保证数据的正统性，确保与生成者上传的内容一致，但是如果多个生成者都上传了数据，那么数据的一贯性就难以保证。比如管理员原本按照“A 的数据”“B 的数据”“C 的数据”顺序进行公开，但是用户参考时，很有可能出现“A 的数据”“C 的数据”“B 的数据”的情况，系统的一贯性难以保证。为了解决这一问题，我们就需要借助哈希链技术。

管理员从 A 处接收数据，公开 A 数据的哈希值。从 B 处接收数据后，公布的 B 数据哈希值应当与之前公布的哈希值紧密相连。同理，从 C 处接收数据后，C 数据的哈希值也与前者密切相关。

“哈希值”是输入任意长度数据后产生的、固定长度的“哈希函数”输出值。在哈希函数中，输入的数据即使存在 1 比特的差别，输出的哈希值也会截然不同。也就是说，如果原始的历史数据顺序是 A、B、C，当出现 A、C、B 的错误排序时，输出的哈希值将与公开的数值不符，检测为错误。

如何预防数据管理员的不当行为

尽管有数字签名和哈希链“双重利器”傍身，如果数据管理员并不值得信赖，还是有可能出现不当行为，也就是所谓的“搁置注册数据”。管理员无视数据生成者委托的署名数据，对其不加处理。

为了防止这种不当行为，区块链设置了多名数据管理员，采用 P2P 的方式，通过网络将各位数据管理员联系起来。有数据录入需求的生成者可以向任何一位管理员提出申请，管理员之间相互传递数据，确保多名管理员同时保管数据。

因为是多名管理员同时保管数据，所以管理员之间必须达成共识，决定以怎样的顺序保管哪些“历史”数据。当然，对 P2P 网络共享的数据来说，管理员并不一定以同样的顺序传递同一数据。

从 20 世纪 80 年代开始，人们开始研究拜占庭容错算法（Byzantine Fault Tolerance，以下简称 BFT 算法），这是一种研究如何在分布式系统中达成共识的算法。

通过 BFT 算法，即使相当于数据管理员的系统出现故障，或发生其他不当情况，其他数据管理员之间依然可以达成共识，不过 BFT 算法只适用于全员知晓数据管理员的系统。

这也是比特币备受关注的原因所在。比特币问世后，即使是“无法知晓数据管理员”的系统，也确定了数据管理员间的共识达成机制，以便有效决定录入什么数据、按什么顺序录入。

比特币的区块链技术采用“工作量证明”的规则。也就是说，谁能最早破解加密难题，谁就可以率先录入数据，也就是“谁先谁胜”。

各个数据管理员整理收集到的海量历史候补数据，整合为一个区块，利用最新区块的哈希值和候补数据抢先破解“难题”。难题解开后，通过 P2P 网络告知其他管理员问题的答案，宣布候补区块的消息。

如果难题的答案正确，也就宣告一个“新区块”产生。将现有的历史候补数据与新区块同步后，就可以继续挑战下一个难题，依次确定区块的顺序。

加密难题

下面我们来一起研究一下所谓的“加密难题”。

说起“加密难题”，我们需要再次邀请哈希函数“闪亮登场”。即使只有 1 位的不同，哈希函数输出结果也会完全不同。而且从哈希函数的输出结果反推输入值也极其困难，可以说几乎不会有输出结果重叠的情况。

如果用数学语言来描述比特币工作量证明的加密难题，也就是："当前最新区块的哈希值（B）与打包在一起的数据（D_1……Dm）和随机数（X）连接在一起，输入到哈希函数中，让函数输出的数值小于目标值（K），则随机数（X）应为多少？"

通常，哈希函数会输出一个 256 位的大数值。为了得出多个 0 开头、小于规定值的结果，需要尝试代入各种 X。在比特币的世界中，这一运算平均要花费 10 分钟，具体时间长短取决于目标值（K）的大小。

求解加密难题答案（X）需要海量的计算，另一方面，验证答案却相对简单，只需要进行一次哈希函数计算就可以了。

那么，数据管理员为什么要加入比赛呢？

在区块链系统中，如何调动数据管理员的积极性至关重要，所以需要给解开密码的人加密货币作为报酬。举例来说，数据生成者申请登记数据时需要支付"手续费"，这些手续费将作为报酬分给解开密码的其他管理员。

只有遵守规则、解开难题的用户才有可能分到报酬。因此，数据管理员不仅需要确认自己，还要掌握前一个人的区块生成是否正确。一旦区块出现错误，自己将无法获得报酬。这样用户之间相互验证，保障区块链的正常运行。

以太坊与“智能合约”（Smart Contract）

利用上述历史存储技术，比特币拥有了完整的加密货币系统。系统中预先设定只有历史数据（比特币交易信息）正确，才能在现有数据的基础上增加其他检查项目（Rule），比如“已经汇款的比特币禁止再次汇款（禁止双重支付）”等。

以太坊不仅仅局限于加密货币领域，为了上述规则（Program）可以在任意系统通行，还引入了智能合约协议。智能合约是自动执行的计算机交易协议。

以太坊区块链包括“程序（合约，Contract）”和“输入程序的数据”两部分。数据自动导出的“程序输出记录（或程序内部状态）”也同时保留下来。因此，按照事先记录和公开的“程序”，任何人都可以验证自己输入的内容，从而保障处理正常运行。

为了阻止超过总量的交易发生，比特币的交易表述文句固定为“从交易 X 获得的货币中，将 z 比特币汇给 A”，也就是说，嵌入支付交易（比特币的汇款数据）的数据框架中。

数据管理员从以下三个角度验证交易的正当性：

- 本人是交易 X 的接受方
- 其他汇款数据与交易 X 无关
- 向 A 的汇款金额小于交易 X 获得的金额

如果用程序比喻的话，首先输入“给 A 汇款 z 美元”，系统自动确认数据生成者的余额是否超过 z 美元，然后从余额减去 z 美元，在 A 的余额上增加 z 美元，最后输出结果。

数据管理员读取程序和最新的内部状态，按照数据及程序进行处理，结果写入区块链，依次循环。区块链跳出“汇款”单项任务的处理，保证程序输入、输出结果的正确性。需要注意的是，区块链上可以同时执行多个任务。

与其他程序相比，智能合约的显著特征是“事先在区块链上公开内容”，根据事先公布的程序内容，确保公平处理所有输入内容。普通程序多在服务器或云端处理，外部并不知晓结果的推导过程，也无法验证结果是否公平，也就是所谓的“黑匣子（Black Box）”状态，智能合约与这些程序形成鲜明对比。

但是遗憾的是，目前并没有措施来保护区块链程序的安全，譬如大家记忆犹新的以太坊“The DAO”事件，正是因为系统存在 bug，才导致大量资金外流。

区块链的公平与透明

本章以比特币、以太坊区块链为例，简单介绍了记录存储系统的基础技术及构成情况。提供服务的目的不同，区块链的规则、数据结构、职责也各不相同。

举例来说，比特币提倡“去信任（Trustless）”（不需要第三方担保）的货币系统，如果信任比特币的体系和程序（Code），其实完全不需要货币机构进行管制。此外，区块链还解决了特权阶层管理的问题，这里任何人都可以成为数据管理员。

但是，如果信任的程序出现问题，又该通过怎样民主的手段进行完善呢？无论是比特币还是以太坊，这些问题都尚未解决。如果信任的不是体系和代码，而是公平的管理机构服务，那区块链的运营成本将会大幅变化。

区块链的数据、程序公开且透明，尽管还在发展之中，但是相信终有一天会为用户提供公平透明、安心使用的IT技术，真正实现公平的IT服务。服务的核心从依赖供应方到唯用户“马首是瞻”，这将是IT服务改变的重要分水岭。

佐古和惠

NEC 安全研究所 技术主管

第3章

比特币的创新本质

3

区块链成果几何

“区块链”的概念来自于加密货币——比特币，这也是长期使用、规模最大的区块链。

时下，以金融机构为中心，人们对区块链架构的关注日益高涨。比特币在大额交易中发挥中介作用，向世人展示了技术的实用性。从这个意义来说，所有区块链技术都或多或少受到了比特币的影响。

为什么区块链以去中心化为目标，利用工作量证明的体系打造生态系统呢？要理解这一点，就需要从区块链的源头——比特币入手。本章将重点回顾比特币的历史和成果，解释当下对区块链的误解，对未来进行展望。

从源头开始，比特币就被设计为不依赖国家权力的裁决和辅助、以价值交换为媒介的独立体系，区块链是比特币的具体实施手段。

现代货币体系中，中央银行等主体可以发行货币，发行余额计入账本资产负债。根据各国制度要求，管理员发行电子货币、商品券、预付卡时，需要持有相应的本金。

与之相对，从结构上来看，尽管没有发行主体和管理员，比特币依然可以发挥作用。这也规避了以发行主体为前提的法律限制。

货币发行收益覆盖使用成本

虽然没有发行主体，但是比特币仍能正常运行，这一过程中究竟产生了什么成果呢?

建立了全新体系，通过发行比特币而获得巨额收益，这些收益完全可以涵盖货币使用成本。比特币的世界中，新币的发行量取决于所有矿工的算力总和。产生初期，因为矿工人数稀少，只用极少的成本即可获得大量的货币。

随着比特币逐渐升值，过去发行的比特币市场价值也水涨船高。迄今为止，以“中本聪”之名发表比特币论文的作者依然身份不明，但是通过发行货币，至少已经产生了百亿日元的巨额财富。

比特币没有名义上的发行主体，因此也就不需要在账簿上累积负债，或者从本金中扣除发行余额。现在平均每10分钟就有新块产生，货币的发行收益由矿工（进行区块链数据处理、提供计算资源的人）平分。

矿工为了获得更多报酬，“1年365天、1天24小时马力全开，投入‘挖矿’，手续费接近于0，大约10分钟就可以完成一笔交易”，奠定了比特币作为国际币种结算的基础。

独立于国家规范之外

没有发行主体的比特币独立于国家规范之外，实现了独立的价值转移。

与金融机构开户必须本人确认、签订合同不同，比特币的世界中，用户只需生成个人密钥就能轻松转移资产，无需证明身份，交易不留痕迹。通过比特币，甚至可以在网上进行非法交易，比如违法药品买卖、恶意软件交易、盗窃用户 ID 和密码、盗刷信用卡、通过勒索软件索要赎金等。只要接入网络，在世界任何地方都可以进行比特币交易。即使是在严格限制外汇交易的国家，用户也可以轻松转移资产。

近九成的“挖矿”都发生在中国。这主要是因为中国实行严格的外汇交易政策，而“挖矿”投资是向国外转移财产的难得渠道。

此外，比特币也是避免国家征税的重要手段。受希腊债务危机影响，欧元区的塞浦路斯一度陷入危机，2013 年 3 月冻结用户存款，并征收高达 10% 的重税，因此不少塞浦路斯人使用比特币交易来减少纳税。

在塞浦路斯，大到大学学费，小到各种商品、服务，都可以用比特币进行支付。政府无法轻易冻结比特币，比存在银行的法定货币更加安全。比特币也从法定货币体系中独立出来，成为具有独立汇率的资本“桃花源”。

兑换汇率“自成一派”

2013 年初，1BTC（比特币单位）大约兑换 17 美元。受塞浦路斯危机影响，一度涨到 1BTC 兑换 200 美元的高价。后美国联邦调查局（FBI）揭发网络黑市“丝绸之路（Silk Road）”，比特币开始广为人知，价值也急速攀升到 1BTC 兑换 1000 美元的水平。

以中国人民银行限制加密货币为分水岭，比特币的价值陡然减半。

之后又受到比特币交易所"Mt.max 受贿事件"的波及，价值跌回到1BTC 兑换 200 美元的水平。

此后比特币价格不断波动。2016 年下半年，受"英国脱欧"和人民币贬值影响，比特币再次暴涨。

比特币社区始终主张"去中心化管理"，货币发行不计入运营主体的负债，由货币发行收益来弥补成本，而不是转嫁到用户头上。比特币是独立于国家主权之外、拥有自身独立汇率的货币。

通过比特币，传统金融服务无法提供的匿名国际结算成为现实，不受法律保护的反社会性质交易也由此产生。塞浦路斯危机中比特币是欧元存款避险对冲的有效手段，比特币还是"丝绸之路"黑市的交易工具，境外转移资本的容器，勒索软件支付赎金的渠道。抵住了众多网络攻击，比特币已经走过了 10 个（始于 2009 年 1 月）年头。

对区块链的华丽误解

比特币的成功与技术支持密不可分。因为性能卓越，比特币被称赞为"零停机时间（Zero Down Time），24 小时 365 天连续运行的货币""与金融系统相比，比特币作为一种分布式账本，其成本更低，更耐攻击，安全性更高"。

最近大热的 FinTech 是金融和科技的融合技术，产生的原因就是现有金融机构提供的技术无法满足增长需求。比特币彻底颠覆了国际结算等金融格局，这种"破而后立"的服务可能带来爆炸式成长。

2014 年，对 FinTech 初创企业的投资总额约 120 亿美元，同比增长3 倍以上，2015 年，投资总额更是增长到 220 亿美元之多。虽然比特币可能存在风险，但是刨除比特币的其他要素不说，单就区块链技术本身来看，已经获得了 FinTech 的青睐。

“货币发行收益”“独立于国家之外”，这是比特币生态系统的主要特色，但是脱离了比特币的“区块链”并不一定是高效的信息系统。

公众对区块链的一大期待就是实现低手续费的国际结算，但需要注意的是，手续费低的原因并不源于区块链的高效。

比特币安全运行的重任转移到了矿工身上。作为回报，每隔 10 分钟，解开难题的矿工将获得比特币作为报酬。最初，矿工每次获得的报酬是 50BTC，2012 年 11 月降到 25BTC，2016 年 7 月跌至 12.5BTC，按本书写作时（2016 年 7 月 28 日）的市价计算，约合 5.45 万人民币（注：汇率时常浮动，以下均统一按照 2016 年 7 月的汇率计算）。

上述金额除以区块的交易数（900K 的区块大约可以记录 1000 条交易信息），每笔交易的处理成本约合几百元人民币。

与信用卡和银行的手续费相比，这个数字其实十分高昂。人们之所以感觉比特币廉价，主要是因为比特币不收取任何的运营费用，也就是常说的“空手生财”。

区块链并不是比特币的最大亮点。权力并不集中于特定的管理员系统却能顺利运营，利益相关者团结合作，建立生态系统，在此基础上实现财物交易，维持比特币的价值，这才是比特币的革新之处。

是否容许侵犯隐私

为了实现去中心化，比特币在多个细节之处采用了大胆的破格设计。区块链技术应用于比特币领域“畅通无阻”，向其他领域推广时却面临了众多障碍。

举例来说，比特币使用数字签名来记录交易，签名密钥随机生成。任何人都可以在账本上追加新交易，也可以调阅所有交易记录。

使用比特币转账时，用户需要公布自己的比特币账户。一旦公布账户，不仅告知对方账户信息，同时还公开了账户余额和全部交易记录。

在比特币创始人中本聪的论文中，即使公开交易记录，只要比特币账户并不绑定个人信息，就可以保护个人隐私（图 3–1）。但是实际应用过程中，交易方却可以轻松掌握比特币账户与持有人的关系。此外，各国听取“金融行动特别工作组（Financial Action Task Force，以下简称FATF）”的建议，要求加密货币交易所履行向本人确认的义务。

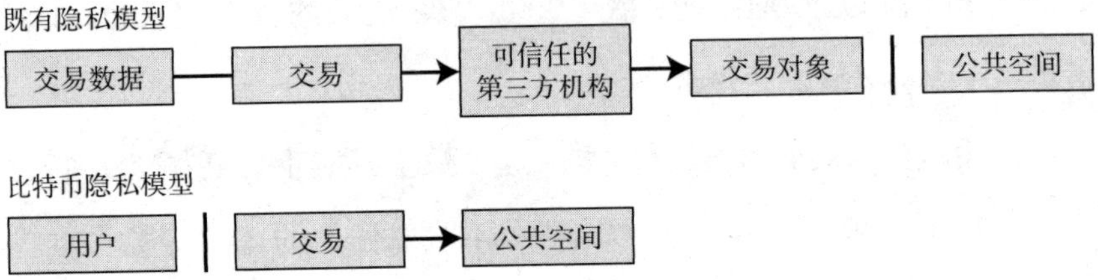

图 3–1　比特币的隐私模型

（参考 *Bitcoin: A Peer-to-Peer Electronic Cash System - Satoshi Nakamoto 2008* 绘制）

实际情况下，不可跟踪的比特币交易多使用了混合服务等匿名技术。混合服务通过同一账户进行多人多笔交易，使得资金流向无法追踪。与此相似，采用匿名结构分散交易的暗黑钱包（Dark Wallet）技术也陆续问世。

尽管如此，国际汇款能否使用区块链技术，这还是一个未解之谜，答案尚无人知晓。

通过算力打造安全体系的难度

10 年来，比特币时常遭遇网络攻击，却没有一次瘫痪。尽管如此，比特币衍生出的区块链技术并不具备同样的安全性。没有人可以垄断挖矿工作量证明的算力，所以才有了“固若金汤”的比特币体系。

在工作量证明的体系之下，一旦特定人群掌握半数以上（根据情况而异，甚至可以更少）的算力，就有可能“以假乱真”，将假的区块链变成真的区块链。现实当中，一旦系统被攻陷，比特币的价值就会下跌，以收益为生的矿工自然不会以身犯险，也就少了许多问题。

工作量证明机制通过分散算力来确保比特币系统的抗风险能力，如果世界上只有一种加密货币的话，相信工作量证明能够很好地发挥效用。然而问题又来了，对后发行的货币来说，当大量矿工从先发加密货币处转移过来时，工作量证明机制很容易被攻陷。

比特币起初利用“安全散列算法 2（Secure Hash Algorithm 2，以下简称 SHA-2）”的标准哈希函数，后来又改用 SCrypt 等算法。这些措施主要是为了阻止矿工使用专用芯片挖矿，但是这些算法并没有经过数学安全性验证，结果证明，仅凭系统数来研发算法并不现实。

对区块链体系来说，究竟是选择比特币等公链，还是特定用户参加的私链，抑或是比特币工作量证明的共识协议，或者开发新的共识协议……无论结果是哪个，我们都需要明确一点：单纯照搬比特币，并行系统的安全性将难以保证。

了解缺点，考虑用途

除了加密货币的基本功能外，区块链还可以用于金融机构交易、向政治家捐款、涉及权利关系的账本管理、简历和数字内容公证等。基于这些设想，业界进行了多种尝试，但是除了作为加密货币外，其他功能仍在开发和试行阶段。

其实反过来，我们更应该反躬自问，“区块链不适合于什么”，逐一排除限制条件是更加便捷的方法。比如区块链在公共账本、存在证明、捐款等方面大有作为，主要就是因为这些用途并不涉及隐私问题。

另一方面，如果将比特币作为个人电子货币，除了成本和交易的可扩展性（Scalability）外，还要考虑用户的隐私问题。

如果能够研发出去中心化系统，将开发、运用、利用剥离开来，团体间的数据交换或许能够成为可能。但是限制了访问、以合同为前提，这样的组织间数据交换还是区块链吗？与以往的文件传输和分布式数据库建设相比，这种方式又有怎样的优点？这些都值得思考。金融机构或证券交易所尝鲜使用区块链技术，可能也是考虑到便利性和成本吧。

除了优良性能、高效省时、降低成本外，我们也期待数据管理技术日益精进，区块链的可行性日益提高。

人们在搭建传统的信息系统时，往往以业务为起点，设计并构筑系统，最后再考虑连接其他系统的协议。如果改变这个顺序会有什么变化呢？首先定义系统间的共享数据结构，设计交换数据的软件，垂直添加其他业务系统，相信按照这种思路来设计，结果将截然不同。

在现有信息系统的设计过程中，如果想设计和搭建能轻松还原（数据库还原到过去某一时间点）的牢固数据结构和强扩展性应用程序编程接口（API），对技术能力的要求很高。

如果一开始就使用区块链的中间软件，保持系统间的数据共通，可以省去不少基础工作的时间，取得更为理想的效果。

与比特币的生态系统分离，区块链的更多价值还在摸索之中。先在不同团体间建立分布式账本的雏形，再推广应用，这才是上上之策。

楠正宪

Japan Digital Design CTO 国际大学 GLOCOM 客座研究员

第 4 章

区块链的四大难题

区块链的特征

下面我们来简单回顾一下前文。

区块链技术与比特币相伴相生，主要功能是保障虚拟货币的功能和安全。时至今日，区块链技术开始了独立发展的步伐，逐渐在虚拟货币以外的其他领域“崭露头角”。

比特币体系中，区块链技术主要负责管理不断更新的账本。账本中记录了“用户持有多少比特币”“用户间的比特币交易”等，通过网络，在用户的监督下复制并保存。即使部分用户怀有不法念头，在区块链技术的运行维护下，整体记录仍然保持准确无误。值得一提的是，与以往技术不同，比特币不需要值得信赖的管理员和组织，在 P2P（Peer to Peer）的环境中实现“去中心化”管理。

比特币用户不需要保存账本数据，只要使用其他用户的数据，直接验证真伪即可。普通的区块链体系下，虽然可以沿用上述模式，但为了提高系统的去中心化程度，还是需要更多依靠用户的力量来保存数据。

账本由“哈希函数”“数字签名”等多种加密技术组成。因为顺序是固定的，篡改数据极为困难。此外，用户可以随时获得账本数据，每个人都可以监督内容和顺序有无篡改，具有“公开验证特性”。

因此，尽管没有严格的管理和运行所需要的“信赖”，比特币的服务并没有打折。这也是比特币自 2009 年问世后，尽管没有“中央银行”仍保持众多用户的重要原因。

目光从比特币转向通用技术区块链，除了虚拟货币方面的应用外，人们期待通过往账本中录入多样信息促使区块链在更多领域得以广泛应用。比如大家期待区块链在资本、所有权合同等社会基础设施领域大有作为。

四大问题

为了深入挖掘、运用区块链的价值，需要注意以下条件。

· 因为没有可信的管理员，需要建立让尽可能多的用户复制数据、管理账本的有效机制。

· 账本被分散保管，因此需要相应机制确保所有账本能正确追加、更新数据。

· 为了保障数据准确，防止时间顺序被篡改，需要借助加密技术的力量。

遗憾的是，目前的区块链技术并未满足上述要求。下面我们就详细论述一下区块链技术目前存在的“四大问题”。

问题 1　加密技术的安全性、系统安全性检测存在漏洞

将密码和通信组合在一起的技术被称为“加密协议”。通信领域的认证及加密技术“安全传输层协议（Transport Layer Security，沿用旧版称呼，也被称为 SSL，以下简称 TLS）”就是一种加密协议。

定义需要达成的安全目标，依照目标设计加密协议，通过数理手法来验证协议是否符合要求。举例来说，在 ISO/IEC 9798 国际标准中的

"实体鉴别"协议中，就应用了安全验证技术。经过形式验证，如果发现漏洞，有的协议也会再次进行修正。

然而并不乐观的是，即使TLS这样重要的协议，安全性验证也是差强人意。2009年以来，大量漏洞报告不断上报，至今仍在持续。

区块链也是如此。因为没有标准安全定义，数理验证并不完善，虽然现在还没有出现安全风险，但是区块链设计并不是"完美无缺"的，风险随时都有可能来临。

除了区块链协议外，保障安装安全的技术也存在漏洞。对The DAO的攻击中，黑客正是利用以太坊执行代码的缺陷，才非法转移了大量代币（以下简称Token），而Token是以太坊的基石。

2017年9月，有人发现区块链的"孪生兄弟"——埃欧塔（IOTA）体系中，源自第三代安全散列算法（Secure Hash Algorithm 3，以下简称SHA-3）的特有加密哈希函数存在低级缺陷。工程师社区中，因为缺少加密专家，设计中极有可能存在漏洞，成为区块链相关项目尽职调查（Due Diligence）的阻碍。

在金钱与所有权相关的"契约"社会中，人们期待着区块链"异军突起"，在基础设施方面有所作为。每当出现黑客攻击或重大事故，总会掀起一阵轩然大波，所以，保证代码安全、及时修复漏洞，也就是"脆弱性操作"成为重要问题。

问题2　加密系统的应用尚不完善

比特币和区块链利用数字签名来验证数据有无篡改。正常情况下，用户设置个人密钥和公开密钥（统称为"密钥"），妥善保管密钥，防止被人破解。使用一段时间后，个人密钥和公开密钥的破解风险也会随之增大，所以需要设置密钥的有效期。

反观现实之中，当前的比特币体系下，既没有密钥的有效期限制，也没有取消失效密钥、替换为新密钥的处理（失效处理），更不要说“My Number Card”的公开密钥加密技术，提供官方个人认证服务了。除比特币外，区块链应用于其他项目时，完全没有人顾及“如何管理密钥”，而是直接将问题抛给用户。

除密钥管理外，随着时间流逝，哈希函数、数字签名等加密技术也面临着失效的风险。一方面，加密技术存在漏洞，另一方面，计算机技术不断进步，算力的提高“指日可待”。总有一天，人们会通过“循环方式”最终破解密码，系统日益“危险”。

为应对风险，普通加密技术曾经从哈希函数 SHA-1 升级到 SHA-2，IT 行业为此付出了巨额代价。比特币和区块链开发者没有任何经验，一旦遭遇攻击，根本没有任何预案可以奏效。

此外还有长期性的问题。如果量子计算机普及使用，数字签名就会失去效力。能够抵御量子计算机的加密技术包括“格理论加密技术”“编码理论加密技术”“哈希函数加密技术”等。2017 年，美国国立标准技术研究所（NIST）宣布美国开始着手标准化工作。

这些加密技术是否适用于区块链，我们还不得而知。为了使区块链技术立于不败之地，必须寻找更加安全的加密方式，对抗量子计算机的威胁。

问题 3　可扩展性与去中心化权衡

区块链的处理性能是一定的，比特币体系中，每 10 分钟只能增加 1MByte 的数据。也就是说，“每 10 分钟处理的数据不得超过 1MByte”，单位时间的交易数量存在上限。既然“处理性能有上限”，那么计算性能的可扩展性就存在限制。

为了提高处理性能，只能改变规格，增加 10 分钟内的数据大小，而这样会增加用户的存储负担，导致计算资源过度增长。换句话说，只有拥有资本的用户才能参与运行，用户数量会急剧减少，这违背了“去中心化”的初衷。

权衡可扩展性与去中心化时，因为两者均与区块链设计思想紧密相连，舆论也在争执究竟应该舍弃哪方。提高处理性能，减少区块链的节点，减少云端物理分散程度，势必影响“去中心化”的优势。

相反，如果“去中心化”特征减弱，“带有时间标识的多重数据库”差异就难以分辨。看来我们更需要慎重考虑，重新评估区块链技术是否真能削减成本、带来神奇效果。

问题 4　分散数据更新的完整性

对比特币和区块链来说，不少用户需要及时更新数据。通过工作量证明等共识（Consensus）算法，才能得到更新后的正确数据。

然而根据分散计算的研究成果显示，达成共识的更新结果无法保证 100% 准确，甚至会很快被推翻。数据的更新结果必须反映现实交易，这是区块链应用的重要前提，也是本章要说明的第 4 个问题。

通过以上篇幅，我们了解了“区块链技术的必要条件”，从技术和运用两方面考虑，列举了区块链相关问题，这些问题将在之后的章节中详细说明。

松尾真一郎

乔治城大学教授 MIT 媒体实验室联络所长（金融加密方向）

第5章

“去信任的区块链”只是幻想

有人认为"区块链的创新之处在于'去信任（Trustless）'"。也就是说，即使没有银行等"值得信赖的第三方"，也不用担心数据篡改，做到准确记录交易信息。

但是仔细想想，"去信任"一词十分模糊。信息系统中的信用、信任又是什么？这个问题的答案其实是区块链能否在现实世界通用的关键，本章将深入讨论"区块链的去信任"的问题。

"信任"就是"不确认"

在日语和中文当中，"Trust"都被翻译成"信用、信任"等，其本质就是"不确认"。对于已经确认的情况，我们只需要"了解"而不需要"信任"，"信任"是一种不确定的行为。德国社会学家格奥尔格·齐美尔（Georg Simmel）认为："信任介于已知与未知之间，是未来行为发生的确切假说[①]（Vertrauen ist als Hypothese ein mittlerer Zustand zwischen Wissen und Nichtwissen um den Menschen）。"

① Goerg Simmer: *Soziologie Untersuchungen über die Formen der Vergesellschaftung*, Duncker & Humblot, Berlin 1908（初版）。

时间戳技术（证明数据存在时间点的技术）的国际标准“ISO/IEC 18014–2”中，信任的定义是“用户、其他利益相关人员对产品、系统符合期待的相信程度”。日语中提起“System”，很多人脑海中首先想到的都是计算机系统。然而“System”的本义指的却是“包含部分的整体”，也就是“系统”的意思。这样来看，“信任”其实是“（用户）对系统按照期待发展的相信程度”。

举例来说，今天我替朋友付了午餐钱。虽然没有查询朋友的账户余额，确认其是否具有偿还能力，但是因为交往已久，我相信“很大程度上朋友会还钱”。这就是信任。再比如说人们之所以去银行存款，就是因为我们相信，很大程度上“银行不会侵吞这笔存款，能够提供安全保护”。存款基于人们的信任，而不是具体确认过银行的操作或财务状况。

综上所述，系统的用户无须亲自确认，因为认为“对方会按照自己的期待行动”，所以选择“信任系统”。“信任”是现实社会的基础，大大降低了社会成本，如果遇事就“确认”，社会成本将大幅提升。

“被信任的系统”

那么，系统获得信任的条件是什么呢？

消费者信任某种产品和服务时，最重视的当然是企业的信誉，也就是“品牌”。举例来说，提起和服，人们往往认为“‘越后屋（Echigoya）’的和服品质肯定有保障”，消费者愿意相信“越后屋”的品牌。而企业为了树立品牌，必须付出极大的努力和高昂费用。

一旦偷工减料，企业的努力就会瞬间烟消云散。在这种约定俗成的规则下，品牌其实凝聚了众多信任。构筑品牌时，“稍有不慎就鸡飞蛋打”。比较这种损失和企业违法的收益，消费者自然愿意相信“这样的牌子没有问题”。

“信任框架”：不是大企业也可以获得信任

新手或中小企业取得信任十分不易。因此，建立不依托于品牌的体系时，获得“信任”至关重要，以下三点必不可少。

· 成果技术是否完备。

· 适当起草规则并遵守。

· 失败后的挽救手段。

具备以上特性的结构就是“信任框架”。

当然，用户其实也可以本人亲自确认，但这种确认的成本太过高昂。这种行为也不属于“信任”，而是“了解”系统的运行情况。用户有选择“谁去确认”的自由，这个“谁”可以是“服务提供者”，也可以是“第三方”。前者属于“自我宣言模型”，后者属于“第三方确认模型”。

如果选择自我宣言模型，一旦宣言被推翻，宣言者就需要承担巨额损失。在美国，依照联邦交易委员会（FTC）法律第5条的规定，对名不符实的企业处以高额罚金，企业将“损失”品牌费用和今后大笔的收入。“品牌模型（Brand Model）”是自我宣言模型的一种。

第三方确认模型由监察人、当局等“第三方”确认上述三大要素，用户选择信任第三方机构。因此，第三方确认模型也被称为“信任的第三方（Trusted Third Party，TTP）”模型。

日本金融机构的交易中，“日本银行（Bank of Japan）”承担了“第

5

三方”的角色。不过第三方确认模型中也存在欺骗的可能性，所以需要制裁欺骗者。金融当局的监视和制裁，比如暂停营业资格，就是一种制裁手段。

中本聪的论文没有“去信任”字眼

了解了“信任”的含义后，我们来琢磨一下“区块链去信任”的意思。坊间炒得沸沸扬扬的“去信任”其实并没有出现在中本聪的论文 *Bitcoin: A Peer-to-Peer Electronic Cash System*①中，论文中也根本没有“去信任”一词。原文的表述是：“建立在密码学而不是“信任”基础上的电子支付系统，允许任何有交易意愿的双方直接交易，而不需要一个被信任的第三方。”

论文中介绍了以下三个前提。

·“正当性的前提”：点与点同意交易。

·“点对点（Peer-to-Peer）的前提”：交易在点与点之间进行。

·“算力分散的前提”：正当节点的算力总和始终超过不正当节点之和。

如果满足以上条件，“我们提出一种双重支付问题解决方案，就是使用一种点对点分散的时间戳服务器，以生成可计算的、按时间顺序排列的交易序列证明。”也就是说，只要满足了三个前提，完全不需要第三方介入来解决双重支付问题。但是如果前提条件崩溃，或出现双重支付外的其他情况，信任就需要提上日程了。

---

① Nakamoto Satoshi,:Bitcoin: *A Peer-to-Peer Electronic Cash System*, Bitcoin. org, Oct.31, 2008, <https://bitcoin.org/bitcoin.pdf>（参考：2016-09-10）。

举例来说，使用过程中，用户无法得知“（区块链）正当节点的算力之和是否超过共谋不正当节点之和”，但是用户依然选择“信任”系统。还有节点软件是否正确写入、使用是否恰当……用户选择“信任”软件（自己可以验证程序正确与否，了解系统运行是否正常的情况除外）。

“去信任”只是幻想

现实之中，人们对区块链寄予的期待要远大于中本聪的设想。下面就以比特币的区块链为中心，讨论一下区块链“去信任”的可行性。

首先，我们需要知道系统自动满足何种条件才能满足“去信任”的要求。比特币的区块链技术并不具备“证明达成共识的正常交易顺序”的功能，不管怎样追求“去信任”，也只能属于“范畴之外”。

其实“达成共识的正常交易”这种表达本身就令人费解。比特币体系中，“正常交易”仅封闭于系统内部；一旦涉及外部世界，如土地资产、知识产权、法定货币和区块链的 Token 时，就需要格外确认交易的“正当性”。

区块链只能证明交易的时间顺序（顺序不可变更性），无法验证“写入内容的正当性”。即使写入虚假信息，信息也会长久保留。

也就是说，我们需要另一个“信任”体系来验证写入内容的真伪。相比加密技术，“可靠的第三方”成本更为低廉，而所谓的“去信任”作用只是一种空想。

其次，“点对点的前提”。加密货币的交易往往需要通过交易所完成，交易所的系统独立于区块链之外，此时的交易所就是值得信赖的第三方机构。当然，并不是所有的第三方机构都百分百可信，比如“Mt. Gox被盗事件”。

再次，“算力分散的前提”。实际的比特币体系并不满足这一要求，具体理由如下：

其一，少数主体垄断算力。例如比特币体系中，70%以上的挖矿能力都集中在“防火长城（Great Firewall of China）”内侧，有两家企业几乎参与了全部交易。如果特定的政府左右了比特币的运行，就会出现与中本聪的设想背道而驰“反乌托邦（Dystopia）”。

其二，区块链软件的正版验证极为困难。这里的软件不仅是各节点导入的软件，以比特币为例，还包括交易脚本语言、以太坊的智能合约等。究竟有多少人会自己写代码，又有多少人确认过代码呢？大部分的用户、开发者、下载网站、智能合约都默认“信任”已有框架，但这一体系却难以担负“去信任”的重担。

从系统稳定性来看，区块链软件极其分散，种类繁多。如果使用单一软件，而软件又有漏洞时，“正当节点的算力总和始终超过不正当节点之和”的前提就轰然崩塌。

开发团队及时修补漏洞，相当于系统中“神”一样的存在。2016年6月发生的“The DAO事件”就是利用漏洞攻击的典型案例。

抛弃过高期待，探索现实用途

以上我们了解了什么是“信任”、区块链的“去信任”和目前的信任情况。

总的来看，很难说现有区块链技术实现了“去信任”。尽管“值得信赖的第三方”发生了改变，从实体机构变为软件开发者或其他部门，但是这种改变并不一定能够提升信任。除非满足中本聪论文中提出的全部条件，否则甚嚣尘上的“去信任”“低成本”都只是一种幻想。

当然我们不是全盘否定区块链的作用，笔者对区块链依然充满期待。只是希望实际应用时，用户可以放弃不切实际的幻想，仔细了解、努力达成各种前提条件，否则一旦幻想的美梦破灭，长久积累的良好印象将一去不复返。

10 年间，很多技术都这样逐渐消失，我们不能让区块链重蹈覆辙。尽管本书的主题是比特币的区块链技术，其实也同样适用于其他方面的技术。无论是哪个领域，事先都要认真确认前提条件和结果。也许这样的工作烦琐而艰巨，然而当今时代，我们最缺少的就是这种务实的研究。

崎村夏彦

野村综合研究所 首席研究员

5

第 6 章

比特币的“共识”问题与拜占庭将军问题

一提起区块链，“共识”一词就频繁出现。以区块链的功能为例，它是“多台计算机就数据是否正确达成‘共识’，建立不依赖于中央机构、共享数据的体系”。本书当中也多处提到了“共识”，本章我们就来具体了解一下“共识”的含义。

“共识”一词原意多指“两家公司达成协议”，日常生活中也经常使用。需要注意的是，用日常生活中的含义来理解区块链中的“共识”，可能是行不通的。

30 多年前分布式系统的学术研究和产业领域就已经提出“一致性问题”，研究分散的多个计算机之间如何达成“共识”，随之出现的还有一致性问题的算法和程序。但是，分布式系统的一致性问题与区块链的“共识”在含义上仍然存在差别，所以本书将与各位读者探讨“共识”的真正含义。

前面在介绍区块链时，大多将“共识”理解为“就某事达成一致”，大多情况下只是一带而过，相信每位读者的理解也不尽相同，继续深入挖掘“共识”的含义时，很有可能产生误解。

我们不妨先从结论说起，目前业界还没有明确定义何为区块链的“共识”。

接下来我们将重点放在区块链的母体——比特币，探讨比特币与分布式系统千丝万缕的关联。本章的前半部分将介绍“一致性问题”，后半部分探讨一下“拜占庭将军问题”。

比特币“想实现”什么

开始讨论之前，我们先来回顾一下中本聪的论文[①]，看看比特币究竟“想实现”什么。

比特币是一种“虚拟的货币系统”，可以作为货币使用，购买咖啡等各类商品。

虚拟货币系统中，人们最担心的就是发生双重支付问题（图 6–1）。

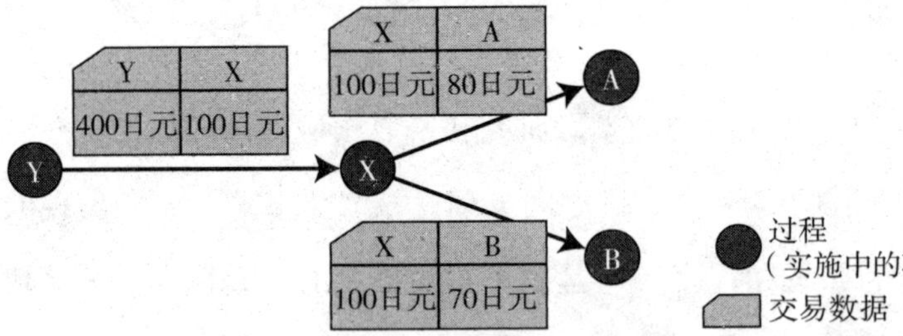

图 6–1　虚拟货币的双重支付

① Satoshi Nakamoto. Bitcoin:*A peer-to-peer electronic cash system*,2008.

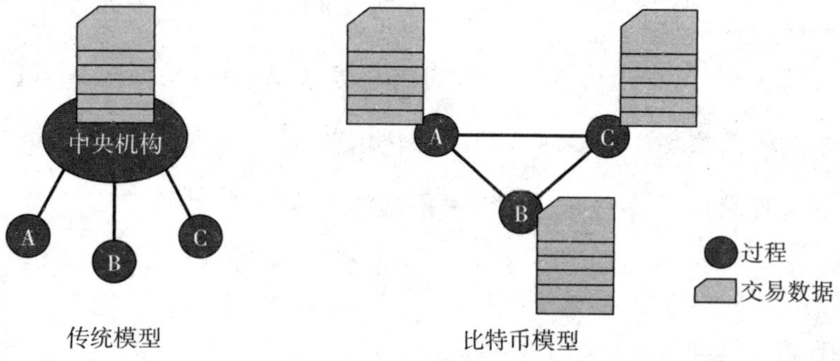

图 6-2 传统中央集中模型与比特币模型记录保存的差别

如图 6-1 所示，假设 X 拥有 100 日元的虚拟货币，付给 A 80 日元，付给 B 70 日元。在这个例子中，A 和 B 无从知晓 X 的双重支付行为。因为 X 拥有的虚拟货币是电子数据，可以无限复制。比特币产生之前，即使是虚拟货币体系，也有中央机构管理货币发行，避免出现扰乱市场秩序的行为。

比特币产生后，向传统体系发起了挑战，它取消集中管理的中央机构，建立 P2P 系统，采取有效手段规避双重支付，发行虚拟货币。比特币体系下，货币的交易和发行记录存在于整个比特币网络，由各台计算机分别保存数据（如图 6-2）。

概括来说，比特币体系由计算机，而不是集中管理的中央机构管理数据。实际上，连入比特币网络的计算机大约保存了 130GB（截止到 2017 年 9 月）的数据[①]。

保存所有交易记录，可以迅速发现并排除双重支付。要保障比特币体系的持续稳健发展，关键在于如何保证计算机保存的数据完全一致。

① Blockcain. info. Blockchain size. https://blockchain.info/charts/ blocks-size.

在探讨这一问题解决方案的过程中，“共识”一词浮出水面。简单来说，“共识”就是“大部分计算机就交易记录的顺序达成‘一致’，保证操作顺序，避免出现双重支付的违法情况”。

下面我们来了解一下“共识”的具体内涵。

比特币的“共识”= 复制（Replication）

比特币中的“共识”意义含糊不清，其中一个原因就是它到底代指分布式系统研究的“复制”，还是“共识”，答案尚不明确。

一般来说，“复制”指多个进程（运行中的程序）保证数据同步一致，而“共识”指的是有限时间内多个程序选择使用同一数值。

如果多台计算机之间始终保证复制同样的数据，即使部分计算机出现故障，系统也可以正常运行。然而遗憾的是，分散的计算机很难保证随时随地复制同样的数据（Replicated Data）。如何准确复制数据，这也是分布式系统研究的重要课题。

“一致性”指复制后数据的相同程度，其模型、协议的研究日益频繁。提高“一致性”就需要借助分布式系统“协议”。就“协议”达成共识后，所有程序均以相同顺序接收数据［也被称为原子广播（Atomic Broadcast）或全序组播（Total Order Broadcast）］[①]，接收的前提是数据没有遗失或被破坏。在此基础上，所有程序复制的数据完全可以保持一致（图 6–3）。

在上述过程中，不同程序就写入数据达成共识，完成记录。可能例

---

① Vassos Hadzilacos and Sam Toueg. *A modular approach to fault-tolerant broadcasts and related problems*. 1994.

子有些抽象，实际上为了克服网络的非同步性和各种困难，达成一致共识，还需要确定 Ω 故障探测器［即“Ω failure detector[①]”，故障探测器探测程序有无故障（寻找负责人）］选出负责人，不同探测器之间最终达成共识。

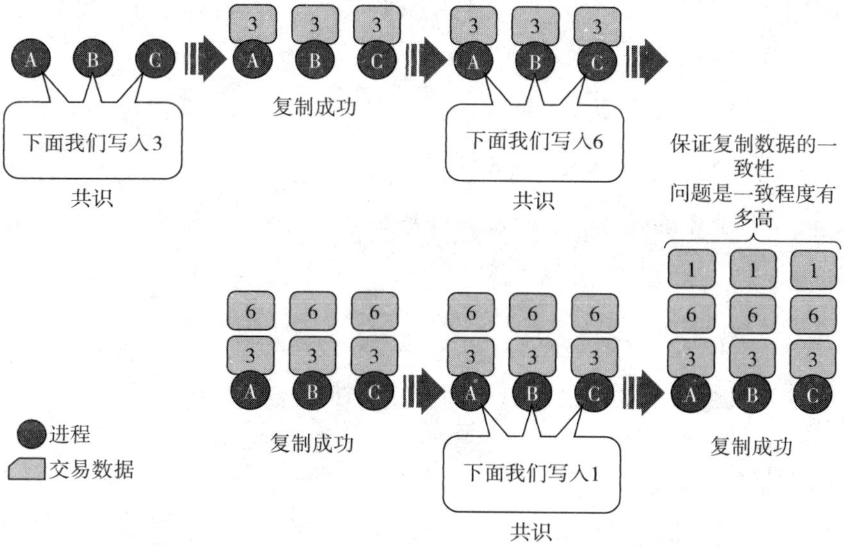

图 6-3　达成共识，完成复制

因为达成共识需要时间，所以要谨慎选择多个程序的数量，这个时间越短越好。另一方面，到系统停止、完成任务为止，数据集合的真面目始终保持神秘状态。

---

① Tushar Deepak Chandra, Vassos Hadzilacos, and Sam Toueg. *The weakest failure detector for solving consensus*. *Journal of the ACM*（*JACM*）, Vol. 43, No. 4, pp. 685-722, 1996.

何为分布式系统的“共识”

下面我们详细了解一下分布式系统中“共识”的含义。

“共识”用途广泛，是完成“复制”的手段之一。分布式系统一直在寻找“不同计算机采用同一数值”的算法。这种算法的研究就是“一致性问题（Consensus Problem）”，定义如下：

“All correct process propose a value and must agree on some value related to the proposed values.”

（作者翻译）“所有正确程序提出一个值，各程序最终达成一致。”

这一过程中，需要经过若干回合才能达成一致，详见图 6-4。

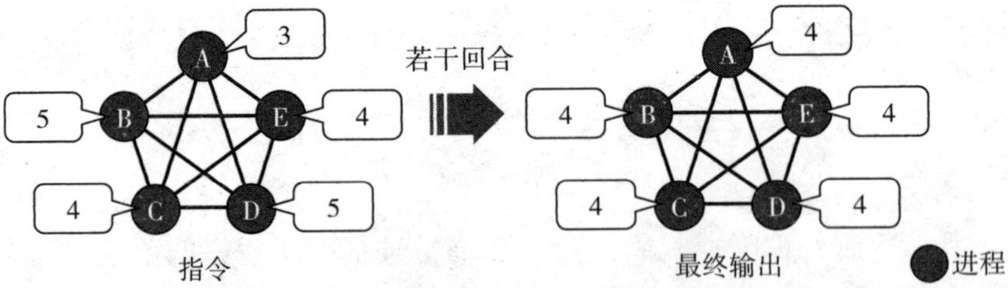

图 6-4　一致性问题

一致性问题的圆满解决并不容易。无论是进程还是网络，即使出现问题，我们也要保证一致性算法始终成立。否则一旦发生故障，多个进程提出不同的数值，就无法达成一致。

为了解决这一问题，必须加大信息的交换量，寻找时间与交换量的最佳平衡点。

一致性算法需要综合考虑分布式系统的特性，确保交换信息能在规定时间内完成传递（同步模型、非同步模型）。不少学术论文结合分布式系统的性质、故障模型提出了多种算法。为了准确定义，大多论文都提出了以下三个概念：

Termination：若干回合后达成一致

Validity：最终达成一致的数值是被提案的数值

Agreement：不存在就不同值达成一致的进程

此外，Intergrity 表示达成一致后，始终保持该数值的性质。

发表之初含糊不明的比特币“共识”

经过上文的讲解，我们大概可以了解，分布式系统中的所谓“共识”专指不同进程之间达成一致，不过目前还没有准确的定义。

与之相对，区块链的“共识”含义更加广泛，且众说纷纭，很容易混淆概念。

· 复制数据的一贯性（例：bitcoin.org 的 consensus 的定义[①]）

· 完成复制的所有算法（例：中本聪论文 1 的 consensus mechanism）

· 分布式系统研究的共识（例：有人指出比特币的共识与分布式系统的共识不同[②]）

---

① Bitcoin Project. Bitcoin glossary. https://bitcoin.org/en/glossary/ consensus.

② Jim Harper. *It isn't "consensus": Toward cooler protocol debates*, Sep.2016. http://www.coindesk.com/isnt-consensus-toward-cooler- protocol-debates/.

- 用户间的共识（例：比特币用户间的交易共识、比特币开发者社区内的开发方针共识）。

如果上述四点内容含义明确，相信毫无章法的讨论很快就会云开雾散。为什么围绕比特币的“共识”定义，会发生这么多乱象呢？其实，原因就在比特币创始人中本聪的论文之中。文中模糊地使用共识（agree、consensus）一词，而没有解释哪方就什么内容达成共识，就连是用户达成一致，还是达成进程一致这样的基本问题，文中都没有明确回答。

中本聪论文中第一次出现“agree”：

To accomplish this without a trusted party, transactions must be publicly announced, and we need a system for participants to agree on a single history of the order in which they were received. The payee needs proof that at the time of each transaction, the majority of nodes agreed it was the first received.

作者翻译：

如果想要在电子系统中排除第三方中介机构，那么交易信息就应当被公开宣布，我们需要整个系统内的所有参与者，都有唯一公认的历史交易序列。收款人需要确保在交易期间绝大多数的节点都认同该交易是首次出现。

这段中一共出现了两次“agree”，可以看出，前一个“agree”的动作主体“participants”代指比特币用户（人），达成共识的对象“只要使用比特币，就会留下独一无二的历史交易记录”。后一个“agree”的主体是“node（节点）”，原本多指计算机，这里既可以理解为计算机，也可以理解为进程。区块链是达成共识的历史记录，证明没有双重支付出现，详见图 6–5。

而论文的最后一句非常突兀地使用“consensus”表示达成一致的过程：

Any needed rules and incentives can be enforced with this consensus mechanism.

作者翻译：

所有的规则和动机都要符合一致性的原理。

原文中“consensus mechanism”的指示并不明确，笔者推测此处应该指代比特币体系这一整体。如此，究竟是何种主体就何种问题达成共识，含义愈发暧昧不清了。

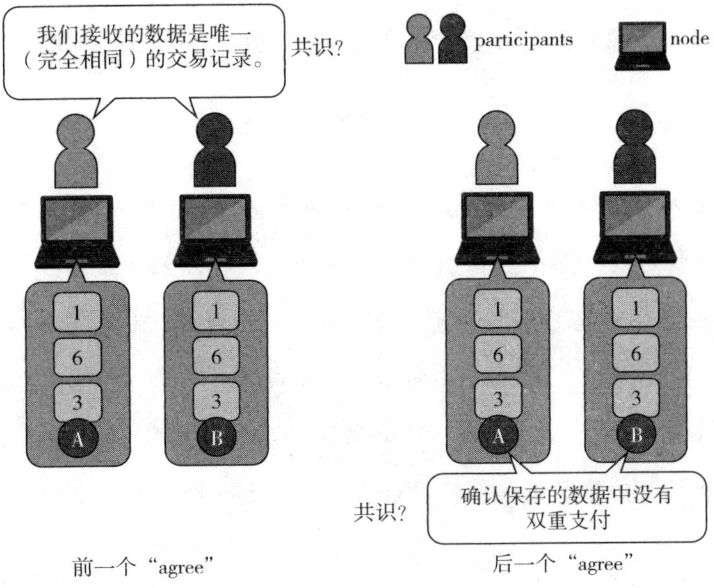

图 6–5 比特币论文中的“共识（agree）”

由此可见，比特币论文中的共识主体较为暧昧。

一致性问题与拜占庭将军问题

下面我们就结合费希尔（Fischer）[①]的论文，从以下五个阶段出发，了解一下比特币世界热议的“拜占庭将军问题”。

（1）共识问题

（2）交互一致性（Interactive Consistency）问题

（3）将军问题

（4）拜占庭难题

（5）拜占庭将军问题

（1）共识问题

首先由正常进程提出1个数值，从中选出目标数值，并获得所有进程认可。

（2）交互一致性（Interactive Consistency）问题

为了保证这一数值获得所有进程的同意，应该怎么做呢？

方法之一就是“公开所有提案数值”，也就是说，将提案清单——“交互一致性向量（interactive consistency vector）”公之于众，按照共通的规则（如最小值、最大值、中间数、少数服从多数）确定结果。

这种公开提案数值的算法被称为“交互一致性问题”[②]（图6-6）。

---

① Michael J Fischer. *The consensus problem in unreliable distributed systems* (a brief survey). In International Conference on Fundamentals of Computation Theory, pp.127-140. Springer, 1983.

② Marshall Pease, Robert Shostak, and Leslie Lamport. Reaching agreement in the presence of faults. *Journal of the ACM (JACM)*, Vol. 27, No. 2, pp. 228- 234, 1980.

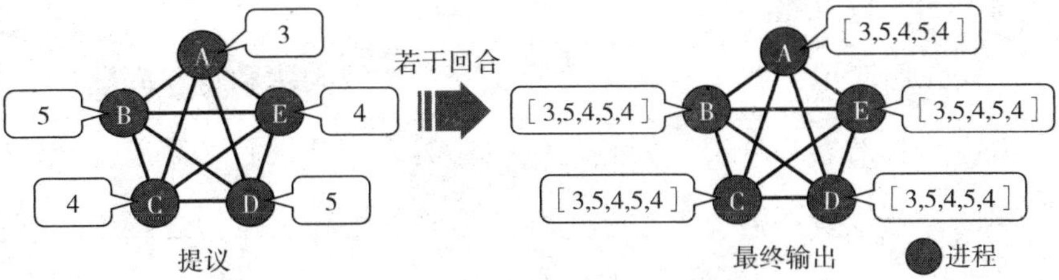

图 6-6　交互一致性问题

（3）将军问题

将军问题是交互一致性问题的特例，特殊之处在于，整个过程中只有 1 个进程提出数值（图 6-7）。

具体来说，将军（general）代指进程。无论是提出数值，还是公开数值，这些进程都由将军一人完成，所以将军问题与交互一致性问题本质相同。交互一致性问题算法着眼于某个进程，这一方法同样适用于将军问题。相反，将将军问题算法代入全部进程，也可以破解交互一致性问题。交互一致性问题一旦解开，共识问题也就迎刃而解了。

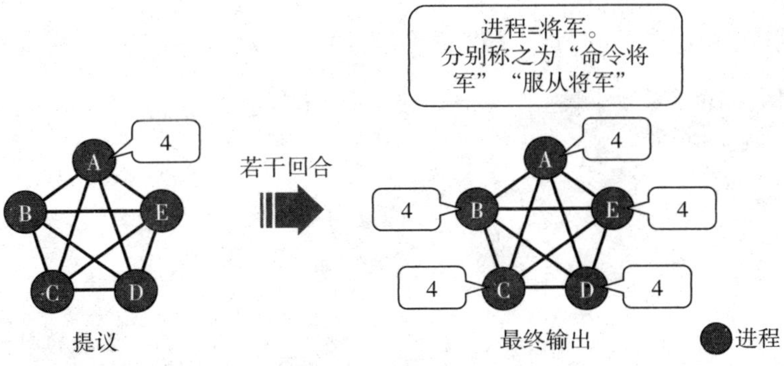

图 6-7　将军问题

（4）拜占庭难题

上面我们简单了解了共识问题、交互一致性问题和将军问题，三者浅显易懂，相对容易理解，但是这些问题的算法开发并不简单。无论哪一个问题，开发者都需要考虑子进程出障碍的情况。运行过程中，即使个别进程出现故障，也要保证进程可以顺利进行下去。

比如交互一致性问题中，需要各个进程分别提出数值，但是如果有个别进程未发表提案的话，就会出现数据的缺失，其他进程掌握的提案数值清单产生差异。提案一旦出现差异，最终可能很难达成共识。

参考古拜占庭帝国时代的故事，业界将这种进程障碍，也就是背叛行为命名为"拜占庭难题"，也叫"任意障碍难题"，专指设想可能发生的所有困难（图 6-8）。

（5）拜占庭将军问题

经过上文铺垫，接下来讲一下"拜占庭将军问题"[①]的相关知识。所谓的"拜占庭将军问题"，就是解决"拜占庭难题"的方法（图 6-9）。虽然本文先介绍了"拜占庭难题"，但实际上前者的产生远远早于后者。

用日本人熟悉的方法来解释的话，"拜占庭将军问题"其实相当于"战国大名问题"，问题的关键在于如何将书信（信息）送到其他大名手里。

① Leslie Lamport, Robert Shostak, and Marshall Pease. The byzantine generals problem. *ACM Transactions on Programming Languages and Systems (TOPLAS)*, Vol.4, No.3, pp. 382-401, 1982.

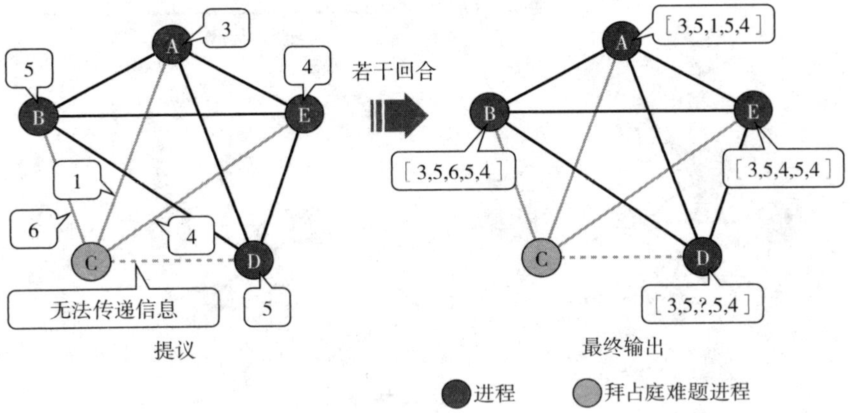

图 6-8　应用交互一致性算法解决拜占庭难题

比如关原之战中，德川家康给东军的大名发信，要求“发动突袭”。只要东军的所有大名联合作战，势必可以打败西军；而如果各自为营，就很有可能被西军反将一军。书信发给了东军所有大名，但是目前并不知道其他大名是否参加突袭。

此时最关键的问题是，如何用书信的方式，向东军所有大名再次确认“是否参加突袭”？与“拜占庭将军问题”类似，此时大名之中，有人收到了“突袭”的命令，有人可能收到伪造的“不发动突袭”信息，还有人根本没收到书信，情况各不相同。

此时德川面临的问题就是“拜占庭将军问题”。必须找到一种合适的算法，确定东军是否全部（“拜占庭难题”的大名除外）参加“突袭”，或者“不发动突袭”。

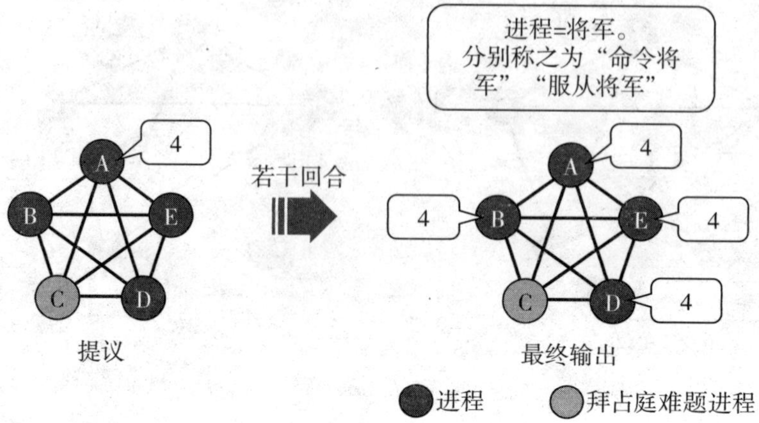

图 6-9　拜占庭将军问题

时常被忽略的“拜占庭难题”

目前，对“拜占庭难题”的研究十分盛行。但除了航空业等性命攸关的系统外，实际生活之中，“拜占庭难题”对人们的生活并不会造成太大的影响。

比如美国谷歌（Google）的基础系统、Hadoop[①] 使用的 Paxos[②] 和 ZAB[③] 算法，虽然是云计算领域赫赫有名的公式算法，却根本没有考虑过“拜占庭难题”，仅止步于崩溃（程序停止运行）等浅层困难，而这么做的理由仅仅是因为，随着电脑数量增加，部分计算机肯定会出现崩溃问

① Konstantin Shvachko, Hairong Kuang, Sanjay Radia, and Robert Chansler. *The hadoop distributed file system*. In Mass Storage Systems and Technologies (MSST), 2010 IEEE 26th Symposium on, pp. 1-10. IEEE, 2010.

② Leslie Lamport. Paxos made simple. *ACM Sigact News*, Vol. 32, No. 4, pp. 18-25, 2001.

③ Flavio Paiva Junqueira, Benjamin C Reed, and Marco Serafini. Zab: *High-performance broadcast for primary-backup systems. In Dependable Systems & Networks (DSN)*, 2011 IEEE/IFIP 41st International Conference on, pp. 245-256. IEEE, 2011.

题而已。

此外，云技术企业也回避了“拜占庭难题”，其实这也是出于现实的需要。“拜占庭难题”出现的原因主要是硬件障碍等，背后的元凶多是由于系统漏洞和恶意软件造成的。

如果管理员的统治强力有效，即使不采用“拜占庭难题”等低效的共识算法，也足以修复漏洞，提高安全程度，抵御风险。

可能已经有读者注意到“低效”一词。如果考虑“拜占庭难题”，分布式系统需要增加进程来交换海量信息，众所周知，这种信息的数量可是呈几何爆炸式增长的。学术界也在尝试减少交换的信息数量，但目前仍没有创新的实用算法。

近年来，“实用拜占庭容错算法（Practical Byzantine Fault Tolerance，以下简称 PBFT）”[①] 引发热议。论文标题中更是特意加上“Practical”一词，就是为了标榜与既往低效算法的区别，相对减少了进程数量。

P2P 系统与“拜占庭难题”

防止“拜占庭难题”出现，消除漏洞，预防恶意软件入侵……

这些是系统安全的先决条件，但是总有防不胜防的情况。以比特币为例，何种计算机接入 P2P 系统，这就无法预测。

目前，“拜占庭将军问题”等共识研究中，进程的数量被设定为固定值。所以应用共识算法时，往往附带了管理进程状态的模块。

随着 P2P 系统的出现，人们开始思考，如果参与的进程数量呈现动

① Miguel Castro, Barbara Liskov, et al. *Practical byzantine fault tolerance*. In. OSDI, Vol. 99, pp. 173-186, 1999.

态变化，无法应用静态管理的话，这种共识算法是否依然有效。

下面我们一起来看两篇论文，分别是杜瑟尔（Douceur）的 *Sybil Attack*（以下简称女巫攻击）[①] 和阿斯尼斯（Aspnes）的 *Exposing computationally-challenged byzantine impostors*（揭密挑战算法的拜占庭难题）[②]。

杜瑟尔在论文中证明，在允许大家自由匿名加入或脱离的系统，如 P2P 系统中，一定存在攻击，攻击主要针对用户数量决定共识的那类算法，比如投票中少数服从多数这种。

杜瑟尔将这种攻击命名为“女巫攻击（Sybil Attack）”。“Sybil”是同名小说中拥有 16 重人格的主人公的名字。文如其名，女巫攻击利用 1 台计算机注册多个 ID（或进程），联入网络后参加投票，企图控制整个系统（图 6–10）。

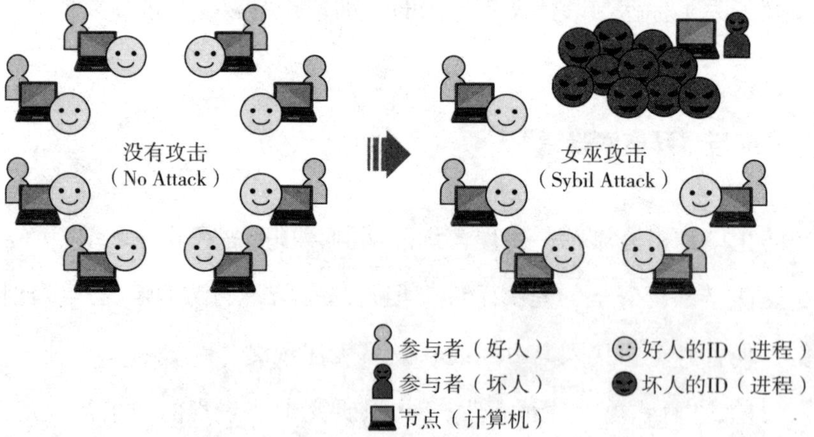

图 6–10　女巫攻击

---

① John R Douceur. *The sybil attack*. In Peer-to-peer Systems, pp. 251-260. Springer, 2002.

② James Aspnes, Collin Jackson, and Arvind Krishnamurthy. *Exposing computationally-challenged byzantine impostors*. Department of Computer Science, Yale University, New Haven, CT, Tech. Rep, 2005.

有趣的是，杜瑟尔在论文中指出，“在 P2P 系统内，虽然用户 ID 的生成与计算量（不是工作量证明，而是 Computation Puzzle）密切相关，但是拥有更多算力的用户仍然可以轻松夺取主导权”。

3 年后的 2005 年，阿斯尼斯发表了论文，阿斯尼斯的研究与比特币体系更为接近。阿斯尼斯认为，杜瑟尔理论中，“女巫攻击”的前提条件对正常用户并不公平。

杜瑟尔理论中，“女巫攻击”的前提是坏人通过计算机可以注册多个 ID（进程），而好人只能注册 1 个 ID，这样显然并不现实。而阿斯尼斯将好人注册多个 ID 的情况纳入考虑，考虑的算法也更加合理。

算法执行之前，我们来比较一下好人计算机群体和恶人计算机群体的算力综合。ID 的数量由群里的算力决定，以拜占庭难题为先决条件，每个 ID 运行算法（图 6–11）。

图 6–11 Exposing Computationally–Challenged Byzantine Impostors

结果表明，P2P 系统、进程之间都达成了共识。即使有坏人存在，只要解决了“拜占庭将军难题”，好人之间仍然可以达成共识。不过与杜瑟尔的结论相同，拥有大量计算资源的用户在共识的形成过程中占据绝对主导地位。

比特币与“拜占庭将军问题”

2008年，中本聪正式发表比特币论文，有趣的是，原论文对“拜占庭将军问题”只字未提。只是后来一次偶然的邮件群聊中，众人在讨论加密技术时，偶然将两者关联起来。

群聊中，有用户上传了中本聪的比特币论文，表示中本聪曾提及“The proof-of-work chain is a solution to the Byzantine Generals' Problem”①。

单从内容来看，中本聪完全没有讨论“拜占庭难题”的发生进程，更没有像本文一样深入分析过这一问题，唯一涉及的只是非同步环境下的共识问题。

群聊的邮件内容很少，下面笔者翻译了概要大意。

> 最初由将军（进程）提出建议数值。如果所有人都可以赞同，结果自然是皆大欢喜，但是因为收发信息并不同步，所以实际当中，每个将军起初收到的数值各不相同，很难达到全员同意的理想境界。
>
> 这时工作量证明（Proof of work：POW）隆重登场。花费大约10分钟的时间，计算其他将军提出的数值。如果得出回答（POW），马上向各位将军广播。
>
> 收信的将军们将POW转成链状。优先考虑长链，完善链条，

---

① Satoshi Nakamoto. Re: *Bitcoin p2p e-cash paper*, Nov. 2008. http://www.mail-archive.com/cryptography%40metzdowd.com/msg09997.html.

继续计算后续的 POW。重复 12 次以上，也就是两小时后，经过 12 次运算，最后得出唯一数值，各位将军由此获知信息。

其实这种算法根本无法证明是否可以解决拜占庭将军问题或共识问题，而且为什么突然提出拜占庭将军问题，也让人十分费解。

话虽如此，既然比特币是 P2P 系统，就肯定有可能面临“拜占庭难题”。对比特币来说，这又是怎样的障碍呢？其实“拜占庭难题”泛指进程中可能出现的各种障碍。如果比特币的进程发生崩溃，也可以视为出现了“拜占庭难题”。

此外，本章开头也介绍了虚拟货币的特殊问题，“某个进程中如果出现双重交易”，这也是“拜占庭难题”的表现；虚拟货币系统可能收到自相矛盾的交易信息（图 6-12），这也是代表性例子之一。

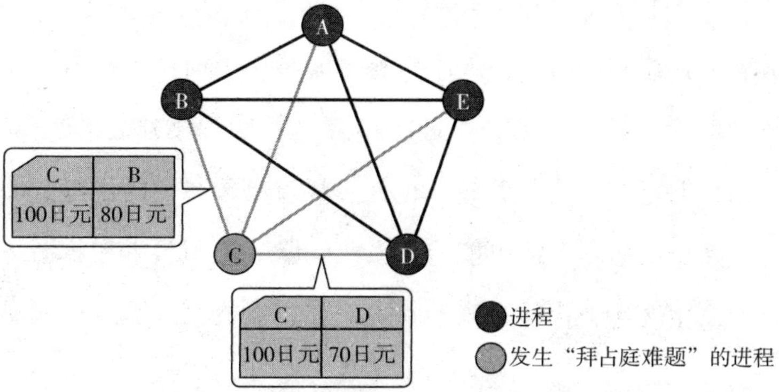

图 6-12 比特币发生“拜占庭难题”示例

利用工作量证明，也就是“挖矿”就可以排除双重交易。比特币的

“拜占庭难题”是否得以体现？如果有所体现，又是否“解决”了这些问题呢？

首先，对不特定多数节点都能参加的 P2P 系统——比特币系统来说，考虑“拜占庭难题”是十分必要的。而且的确存在着交易、区块链提案和提案接收进程，“拜占庭难题”的风险不容小觑。但是比特币并未明确要求将所有进程的结果归一，而且复制的数据后来极有可能被推翻，或者不纳入共识问题的考虑范畴。再加上 Agreement、Termination、Validity 的“共识问题”定义尚未明确（有尝试下定义的论文①），内涵并不严密，无法证明是否达成共识。

综上所述，笔者认为虽然比特币系统尝试着解决“拜占庭难题”，但结果尚未盖棺论定。

用户就运营方针达成共识的必要性

2017 年 8 月的比特币分歧事件，想必大家还记忆犹新吧。最终，人的意志战胜了计算机，最终由人决定哪个派系使用何种比特币。

本章的最后，笔者想介绍一下 2013 年 3 月的程序升级事件和相关对策。这一事件并不是人为的分歧，也是一场没有预料到的意外事件。

分布式系统的版本升级可能造成系统问题。更新版本和数据结构后，协议也随之发生变化，由此带来的新式组合可能诱发问题。

---

① Ittay Eyal, Adem Efe Gencer, Emin Gün Sirer, and Robbert Van Renesse. Bitcoin-ng: A scalable blockchain protocol. In NSDI, pp. 45-59, 2016.

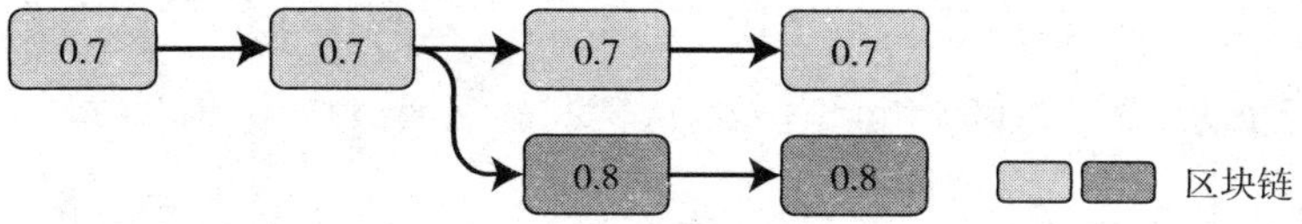

图 6-13　0.7 版本与 0.8 版本混合

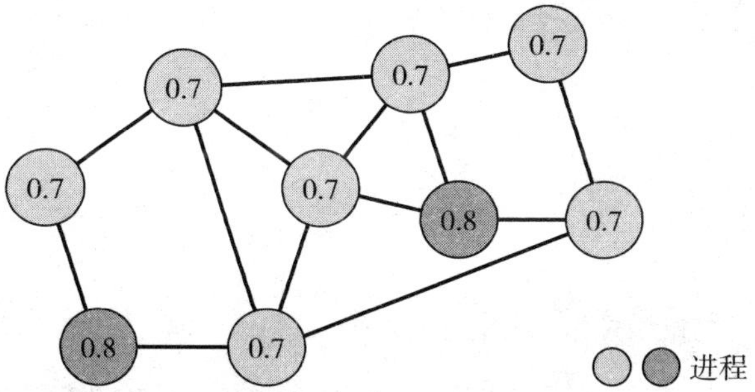

图 6-14　0.7 版本与 0.8 版本混合

作为 P2P 系统，因为没有中央机构统一管理网络程序，所以版本的统一是难上加难。由 0.7 版本升级为 0.8 版本时，区块链就产生了分歧[①]。具体来说，0.8 版本公布后，比特币网络上同时存在 0.7 和 0.8 两大版本（图 6-13）。

0.8 版本取消了 0.7 版本的区块限制，允许更大的区块存在。但是新区块对于 0.7 版本来说犹如庞然大物，根本无法接收。由此，两个版本之间产生了区块链的巨大分歧（图 6-14）。

这个问题很快就被发现，经过开发者和矿工的协调，使用 0.8 版本的用户不得已蒙受损失，放弃生成的新区块链。

① Gavin Andresen. March 2013 chain fork post-mortem, 2013. https://github.com/位coin/bips/blob/master/bip-0050.mediawiki.

分布式系统升级有时会带来问题。任何系统和程序都会遭遇未知的困难，没有尽善尽美的事物。出现问题时，人为的判断和应对不可或缺。去中心化的系统之中，一旦发生问题、需要人为判断决策时，如何不与去中心化的主旨冲突、听取谁的判断十分重要。

无论是人为分歧，还是系统分歧，比特币并不单纯依赖任何一方，而且一定会受到开发者和用户的意志影响。

明确“谁和谁”就“何事”达成了共识

通过一整章的介绍，我们了解了“拜占庭将军问题”，讨论了“拜占庭将军问题”与比特币的关联。比特币是一种 P2P 系统，很多程序都可以与 P2P 系统连接，所以开发时应当注意如何解决“拜占庭将军问题”。

开放环境下，任何人都可以加入区块链，与公链不同，对进程严密、体系完善的私链来说，我们可能需要重新考虑“是否需要顾虑‘拜占庭将军问题’”或者“可能发生怎样的障碍”。

本章从分布式系统的共识问题、“拜占庭将军问题”入手，考察了比特币系统的相关问题。通常来说，我们很容易先入为主，用一般的“共识”含义看待区块链中的“共识”。因为学界还没有准确的“共识”定义，所以区块链的“共识”概念含糊，给人似是而非的感觉。当然对于非专业人士来说，可能不会考虑过多，直接按照常用概念理解即可。

这种现状不利于普通人正确理解比特币和区块链。每次谈到“共识”之时，我们应当明确“谁和谁”就“何事”达成了共识；或者直接介绍“共识”的含义。

关于比特币和区块链的研究还处于摸索阶段①②，与区块链类似，相信今后比特币的专业术语也会慢慢统一起来。

宫泽慎一

西科姆（SECOM）有限公司 IS 研究所 通信平台部智能计算技术小组 主管研究员

6

① Rafael Pass, Lior Seeman, and Abhi Shelat. Analysis of the blockchain protocol in asynchronous networks. Cryptology ePrint Archive, Report 2016/454., 2016. http://eprint.iacr.org/2016/454.

② Juan Garay, Aggelos Kiayias, and Nikos Leonardos. The Bitcoin backbone protocol: Analysis and applications. In Advances in Cryptology- EUROCRYPT 2015, pp. 281-310. Springer, 2015.

第 7 章

比特币可以扩展吗

有人说“区块链改变了全球结算系统”。姑且不论正确与否，这句话本身就体现出人们深信“区块链是低成本、横向扩展的数据库”、“与以往的服务器集中式系统相比，人类终于实现了低成本的横向扩展”等观念，透露出一种“神化”的意味。

但人们所认为的与现阶段的区块链现实却大有不同。以本书创作时最大规模的区块链——比特币为例，处理的交易量约为每 10 分钟 1M 字节。交易的数据量随交易性质不同而变化，平均下来约为每秒 7 次交易。单凭这样的速度，比特币根本无法担当全球结算的重任。

交易的 IT 成本方面，单单挖矿费用一项，现在每隔 10 分钟就消耗了 12.5 个 BTC，交易的单价从几十元到几百元不等（比特币汇率变动较大，本章均以 2016 年 7 月的行情计算）。

与银行的手续费相比，这个价格虽然算不上高，但绝对说不上“物美价廉”。比特币的生态系统中，用户并不承担挖矿成本，挖矿收益直接纳入发行收益，所以成本常常被忽略。从整个运营成本来看，除了挖矿报酬外，为了保证交易顺利进行，各节点的运营费用也是一笔不小的支出，不过这些成本都由用户承担，所以难以核算整体的支出。以上就是目前比特币的实际情况。

那我们能否通过技术手段，改进这些不可控、不完善的性能呢？这就是“区块链的可扩展性问题”。

本章以比特币的可扩展性为重点，介绍各种解决方案，与各位读者共同探讨现阶段区块链技术面临的诸多问题。

两种完全不同的扩展性问题

“区块链的扩展性问题”其实包含两个完全不同的技术问题。

第一个问题是如何增加比特币处理的数据量。由于比特币交易量不断攀升，已经接近每10分钟1M字节的上限。如果放任自流，区块将无法容纳这么庞大的数据，确认交易信息的速度大幅降低。解决这一问题的关键是如何提高比特币处理能力。

第二个问题是如何提高区块链技术的处理能力，以实现对现有所有信息系统的超越。

对于后一个问题，因为目前还没有区块链的准确定义，所以准确比较起来较为困难，不少技术虽然自称区块链，但是或多或少在一定程度上都存在限制数据一致性的情况。这种限制数据间一致性的体系就是区块链中的“共识算法”，但是究竟达成了什么共识，其实含义极其模糊。

比如宽带领域，如果在延迟小的单一数据中心使用区块链技术、降低对数据同步要求的话，交易处理性能可以得到提高，但是这种提高的效果还微乎其微。

很多区块链内部利用NoSQL Base的数据库后端，搭载了各种应用和API层。比如比特币就采用了谷歌公司的“LevelDB”数据库，标榜扩展性的“BigchainDB”选择了“ReThinkDB”数据库技术。

与现有的分布式数据库相比，这些数据库的性能可以一较高低。但是，比特币的目标并不是分布式数据库的效率高低，所以比较两者时，需要注意各自的目标和特征。

比特币的创新性在于：即使彼此不信任的多个主体连入系统，依然可以保证分布式账本的一致性，这也是有别于传统数据库的特征。

另一方面，比特币仅通过算法来维持发行总额，并不能保证分布式数据库需要的数据要求。区块链体系中，随着交易数量逐渐增加，总有交易要被舍弃，允许瞬间的节点数据出现不匹配的情况。其他的区块链也与之类似，在多个主体互连的环境中，为了防止篡改数据和保持数据完整，应当建立严密的体系。

在关系数据库管理系统（Relational Database Management System，以下简称 RDBMS）中，tpc.org 等团体开发基准测试，建立同等条件的比较环境，与结构化查询语言（Structured Query Language，以下简称 SQL）的国际标准类似，也需要建立不同产品相互比较的标准。总而言之，区块链的环境目前尚未成熟。

区块链领域也在探讨标准化发展的可能性。"国际标准化组织（ISO）"成立了"区块链和分布式记账技术标准化技术委员会（ISO TC307 Blockchain and Distributed Ledger Technologies）"，今后有望建立通用 API、用例及数据的标准化规定。日本经济产业省也建立了区块链技术指标评价研究会。

比特币 XT 的挫折与区块扩容的瓶颈

在这种情况下，就区块链的扩展性问题，"比特币圆桌会议（Scaling

Bitcoin)”等大型盛会将讨论的重点放在比特币上，将区块链的实际运用作为讨论的焦点。

单从交易的处理量来看，比特币每秒只能处理 7 宗交易，很不起眼。但是从节点数、流动金额、算力、每日受到的攻击来看，比特币体系无疑使用了全球最大规模的区块链技术。

起初，比特币的最大区块约为 36M 字节，2010 年的垃圾邮件攻击和“分布式拒绝服务（DDoS)”攻击后，区块的大小调整为 1M 字节。

2013 年，比特币价格飞涨，在“比特币泡沫”的影响下，交易急剧增加。到 2015 年，区块大小接近上限，每 10 分钟生成一次（图 7-1），对比特币的处理能力也进行了重新评估。

2015 年 6 月，比特币核心开发者之一——加文·安德烈森（Gavin Andresen）提出了扩展提案。

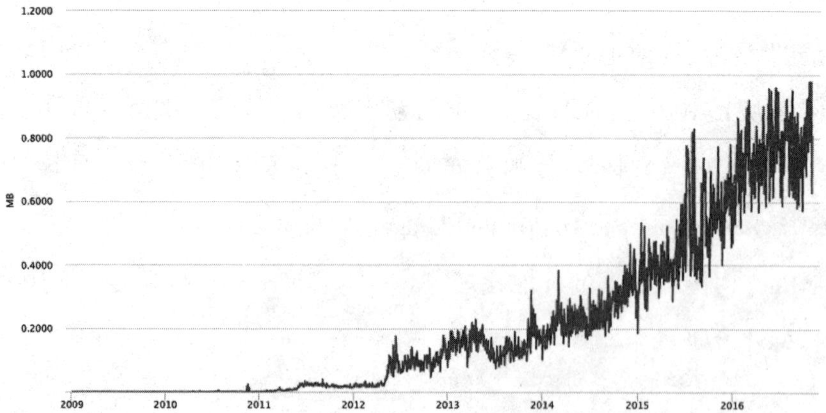

出处：blockchain.info

图 7-1 比特币区块大小的变化

提案指出：首先在2016年1月11日，将最大区块扩展到8M字节；自2036年起，每隔两年区块大小翻倍增长（BIP-0101）。

2012年版本升级更新时，矿工们对安德烈森的提案进行了投票，遗憾的是，这一提案未能获得多数通过。很多矿工都在中国偏远的内陆地区作业，条件艰苦且网络环境不佳，用户可能担心这种变化导致竞争失利。

此后，又有不少提案陆续登场：将区块大小增加到2M字节（BIP-0102）的提案；随着技术进步，逐渐增加最大区块容量（BIP-0103）的提案；动态控制最大区块容量（BIP-0106）的提案；到2020年为止，分阶段增加区块大小，当6成以上的交易实现最大化后，区块大小逐次增大10%的（BIP-0F）提案，等等。但遗憾的是，这些提案都未能获得用户支持。

SegWit：区块承载更多交易

上述提案屡屡受挫的主要原因在于，这些方案都试图改变区块扩容的规则，而这种规则的改变代价巨大，需要更新全部软件（硬分叉）。

基于此，不改变硬分叉的扩容策略——“Segregated Witness（隔离见证，以下简称SegWit）”应运而生，人们期待着SegWit能带来突破。

人们在进行比特币的交易时，需要验证数字签名（ScriptSig/Script-PubKey）信息。交易信息中包含较多数字签名信息，这也是影响区块大小的重要原因之一。

SegWit将数字签名与交易信息区分开来，在交易中配置了“Witness”的新步骤，这样进行交易、处理区块信息时，数字签名就可以分离开来（图 7–2）。

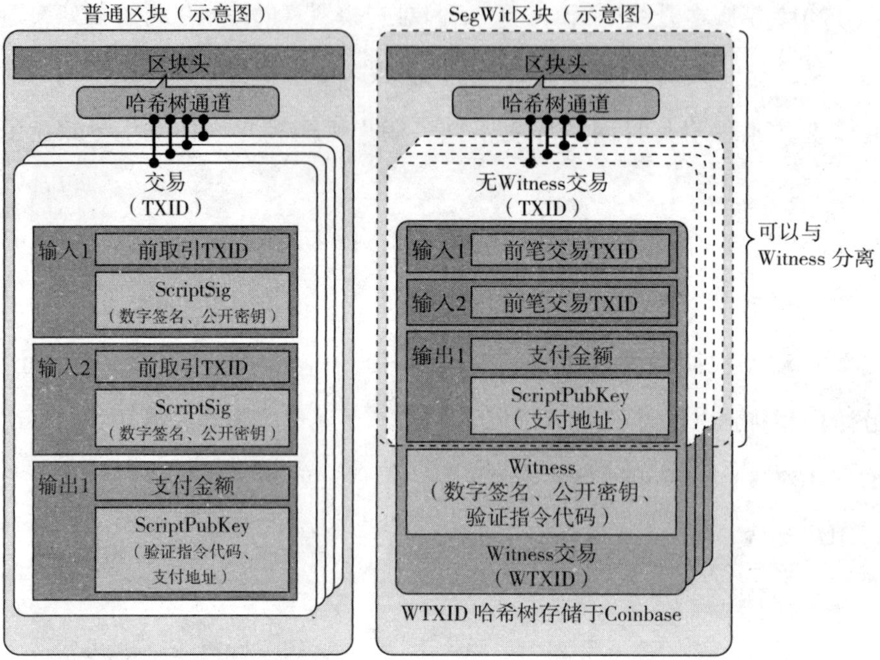

图 7–2　存储于区块的交易数据（左）可以与数字签名（右下）、交易（右上）分离

SegWit 生成交易 ID（TXID）时，只有 Witness 以外的领域方才成为对象。这意味着产生交易的哈希树时，完全不用考虑 Witness 的存在（Witness 的哈希树另外生成，存储在区块的其他区域中，Witness 也是哈希链条的一部分）。

如果只是把数字签名以 Witness 的方式分离，改变数据的配置，整个区块的容量似乎没有改变。实际上，因为 Witness 与交易哈希树的生成分割开来，即使是未升级的旧版软件，也可以接收 Witness 以外的交易区块，参与并完成计算。也就是说，在 1M 字节的限定条件下，解除了数字签名的容量，进而记录更多的交易信息。

与 SegWit 兼容的新版本软件之间，Witness 运行起来更加流畅。无论是否是硬分叉，新老版本软件都可以共存。

除了压缩区块的大小，Witness 还有很多其他优点。比如比特币的交易扩展性（不改变数字签名、直接攻击 TXID）就借助了 ScriptSig 和 ScriptPubKey 的帮助，这些命令代码中存储了 TXID。有了 Witness，上述风险就可以被排除，从而保证交易安全。

SegWit 还可以减轻数据处理负担。有了 SegWit，节点和区块之间的数据传送无须验证数字签名（如已经验证的过去交易等）。简化客户端用户可以选择排除 Witness 的传送和处理，降低运行负担。此外，多个数字签名生成一个新的签名，这种技术也令人期待。

2016 年 10 月 28 日发行的 Bitcoin 0.13.1 版本中加入了 SegWit 技术，按照 Version bits with timeout and delay（BIP-009）规定的进程发布，供用户下载试运行。其发布后两周（2016 区块）内，95%（1916 区块）以上的节点使用 SegWit 录入，之后两周（2016 区块），投诉率如果不超过 5%，SegWit 就正式生效。该版本于 2017 年 8 月 9 日开始试运行，同月 24 日正式生效。

尽管如此，SegWit 的压缩效果只有 3 倍，速度也很难超过每秒 30 次交易。有用户指出，对于比特币来说，这样的数据远远无法满足扩展需求。

使用 SegWit 后，交易容量出现了短暂的富余，但是这种方法治标不治本，将网络分层、从根本上控制区块大小才是问题解决的关键。“闪电网络（Lighning Network）”和“支付渠道（Payment Channel）”就是链下结算的重要技术。

分层改善扩展性的技术动态

人类热衷于提高计算机和数据库的能力，但是纸质账本的扩展性却从未超过每秒 1 次。尽管如此，以信用为基础，金融行业仍然分散管理账本。以日本为例，银行持有日本银行存款、个人和企业存款，使用不同的账本进行管理。第二次在线系统诞生前，也就是 20 世纪 60 年代前，各个分行的存款都是各自为营的。

而区块链技术主张“一本行天下”，一个账本上记录了所有交易，相当于企业和个人都拥有日本银行的储蓄账户。如果仿效现实中的结算系统进行分层管理的话，人们完全可以实现小额交易的局部处理，大大简化交易过程，交易时间也可以缩短在 10 分钟以内。

链下交易时，最简单的方法就是用户存入定额现金，在金额范围内结算，这也是电子货币、比特币交易所内部使用的方法。然而问题是，一旦电子货币、比特币交易所破产，退款将变得遥遥无期，不依赖信任第三方也能正常运行的比特币就失去了优势。

为了不依赖中间人，顺利完成链下交易，人们开发了“支付渠道”技术。在频繁交易的双方之间预留托管金，限制托管金流动，在信用范围内进行链下交易。这种方法确实能快速完成与确定对象间的链下交易，但缺点显而易见：伴随交易对象数量的增加，必须设置相应的托管金。

按照这种思路，在区块链上托管金的范围内，为了实现多方交易，我们可以借助“闪电网络”的力量。闪电网络以路由器为中继构筑网络，借助多重交付的渠道，多方可以同时进行交易。只要接入支付渠道，就可以实现与任何第三方的链下交易。

在 2016 年 10 月的意大利米兰大会上，致力于比特币开发的 6 家主要公司（Acinq、Amiko Pay、Bcoin/Purse.io、Bitfury、Blockstream、LightningLabs）齐聚一堂，讨论了闪电网络的标准化问题。随着 SegWit 的实际应用，2017 年 12 月 6 日，Acinq 和 Blockstream 之间首次完成了企业汇款。

闪电网络希望建立 P2P 分布式计算网络，但是即便是分布式系统，如果连接的主体控制路径数量，也会很快变成星型布局。现实生活当中，银行网络作为“中央对手方（Central Counter Party）清算机制”，以一天一次的频率进行结算，控制交易数量。

表 7-1　提高比特币扩展性的提案

提案 ID	提案日期	标题
BIP-0009	2015/10/4	Version bits with timeout and delay
BIP-0101	2015/6/22	Increase maximum block size
BIP-0102	2015/6/23	Block size increase to 2MB
BIP-0103	2015/7/21	Block size following technological growth
BIP-0105	2015/8/21	Consensus based block size retargeting algorithm
BIP-0106	2015/8/24	Dynamically Controlled Bitcoin Block Size Max Cap
BIP-0107	2015/9/11	Dynamic limit on the block size
BIP-0109	2016/1/28	Two million byte size limit with sigop and sighash limits
BIP-0141	2015/12/21	Segregated Witness（Consensus layer）
BIP-0142	2015/12/24	Address Format for Segregated Witness
BIP-0143	2016/1/3	Transaction Signature Verification for Version 0 Witness Program
BIP-0144	2016/1/8	Segregated Witness（Peer Services）
BIP-0145	2016/1/30	getblocktemplate Updates for Segregated Witness
BIP-0152	2016/4/27	Compact Block Relay

闪电网络能否助我们“梦想成真”，构筑起一个不依赖第三方的交易网络？Routing 的间接费用又是否合理？对消费者来说，这样的服务是否真的简单便捷？比特币扩展性问题带来的巨大挑战，现在才刚刚开始。

楠正宪

Japan Digital Design CTO

国际大学 GLOCOM 客座研究员

第 8 章

比特币的意外陷阱

比特币背后的区块链技术使用加密科技，防止系统被篡改。不过，比特币作为一种加密货币，单单具备防篡改性明显是不够的。如何抵御攻击，避免双重支付，防止交易记录自相矛盾而导致服务失常，则需要从多种角度进行安全论证。

相较而言，比特币使用区块链技术的时间最为久远。从 2009 年至今，除了程序漏洞以外，比特币还没有发生过系统停止或数据回滚（rollback）的情况。但是一些论文指出，由于比特币的协议设计和运行问题，很有可能出现不当支付、数据篡改、系统停止等问题。

比特币究竟具有怎样的脆弱性，有没有方案可以修正，区块链的安全性又如何评价呢？下面我们就一起了解一下和区块链安全性相关的 4 项理论成果。

微小算力攻击庞大区块链——"Selfish mining（自私挖矿）"

比特币采用了共识算法——"工作证明"，一般来说，只要恶性节点的算力达不到全体的 50%，就无法控制区块链。令人意外的是，即使算力低于 50%，恶性节点也可以"蚍蜉撼树"，控制区块链的生成，这种方式就是"Selfish mining（自私挖矿）"。

按照正常方式挖矿，比特币的产生频率与节点的计算力量存在比例关系。然而利用 Selfish mining 策略，最终结果将远超拥有的计算资源。理论上来说，只要拥有整体 41% 的算力，控制区块链产生的概率就高达 50% 以上[①]。

Selfish mining 的节点发现新的区块后，并不马上公开广播，而是隐藏区块的存在。这样在其他节点还在寻找原来区块的时候，他们已经可以挖掘下一块了。如果运气好发现新区块，这时再广播前一个区块的存在。

在其他人努力挖矿时，Selfish mining 节点则不断找寻新区块，这样，他们拥有的链条也越来越长（图 8–1）。

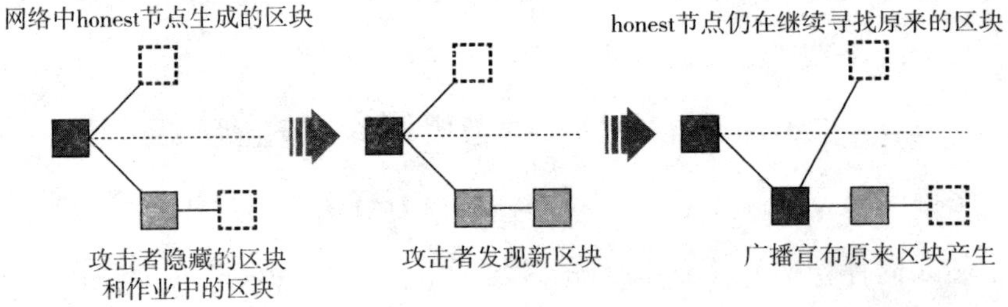

图 8–1　Selfish mining

攻击者采取这一战略并且拥有整体 33% 以上的计算力量，实质生成的区块就远超这一数字，也就是说，持有 41% 资源的节点能以 50% 以上的概率生成区块。

目前，我们还没有应对 Selfish mining 的良策。我们一定要认识到，

① Eyal 等"Majority is not enough: bitcoin mining is vulnerable"2013。

控制区块链完全不需要拥有过半的算力，更低的数值完全可行。

“Fast payment（快速支付）”的比特币双重支付问题和对策

比特币的交易信息（transaction）被记录在区块中，比特币的支付需要获得比特币网络（区块链）的批准。根据系统要求，从发送交易记录到获得许可平均需要10分钟。

此外，系统为了确认区块的正当性，批准交易后，交易者还需要至少等待5个区块连接。正常情况下，从交易完成到确认完毕要花费大约1小时。

正常消费时，别说1小时，顾客可能连10分钟也不愿意等待，所以在一般交易时系统多采用“Fast payment（快速支付）”的方式。店方确认交易信息，验证数字签名后，并不会确认有无双重支付，直接默认支付已经完成。

针对Fast payment的缺陷，我们一起来了解一下具体攻击方式①。

支付方在Fast payment的店铺使用比特币（UTXO）付款（汇款），同时向另一账户（同伴的账户或自己的其他账户）汇款同等金额，这样店方确认的交易信息就失效了。既获得了物品或服务，又没有消耗比特币，这就是“双重支付攻击”的一种表现。因为该种攻击正好利用了比特币的交易传输协议漏洞，因此其成功率非常高。

攻击成立需要两个前提。一是攻击者（支付方）可以直接向商店发送交易，二是由“辅助节点（helper node）”辅助攻击。

① [2]Karame 等“Misbehavior in bitcoin: A Study of Double-Spending and Accountability”2015。

假设攻击者的交易信息为“Tv”，同时向辅助节点发送“Ta”交易请求。辅助节点排除店铺周围节点群的范畴，直接向其他节点发送信息，“Ta”后来居上，更早扩散。收到“Ta”信息的节点接收交易“Tv”后，将其视为不当交易而取消，自然“Tv”也就不会被广播。

相比交易“Tv”，后发起的“Ta”存储在区块中的概率更高，“Tv”交易无效（图 8–2）。

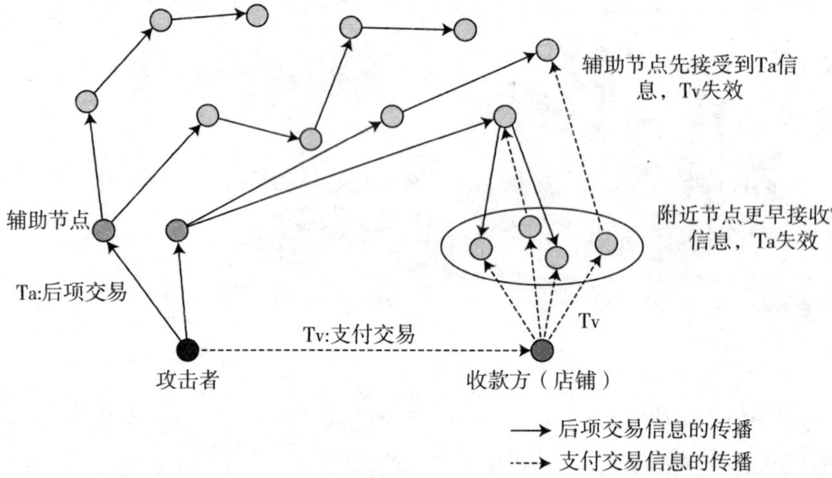

图 8–2 辅助节点的双重支付供给

这种攻击的可怕之处在于，其不仅使店家蒙受损失，对于其他节点来说，他们根本无法发现不当行为。

现行的比特币体系中，同时接收“Ta”“Tv”的节点数量十分有限。先接收“Ta”，则“Tv”失效；先接收“Tv”，则“Ta”失效，不会扩散到其他节点，所以大部分节点无法获得双重支付的证据。

不当交易是证明账户非法的有力证据，希望可以广为告知，将其用于评价管理之中。“Bitcoin - XT（比特币核心开发者加文·安德烈森开发，用于提高区块扩展性）”就公开双重支付的信息，修正评价管理方法，对账户所有者进行评论。

如果所有信息都以接力的方式上传，网络承担大量信息，这就是“DoS（拒绝服务）”攻击，可能导致系统瘫痪。Bitcoin-XT 限定单个 UTXO 只能交易两次，就是为了规避这种风险。

因为矿工意见不同，Bitcoin-XT 还无法扩大区块，也没有被纳入比特币体系之中。因此，Fast payment 店铺结算时，店方不得不承担这种双重支付风险。

比特币的 DoS 攻击和对策

有报告称，恶意使用了比特币的交易和区块协议，可以在特定节点延迟信息的传播，继而拖慢系统的信息传递，甚至可能导致系统停止，或者出现双重支付等不当行为[①]。

比特币传递交易和区块信息时，首先传递的并不是数据信息，而是名为“清单信息（Inventory Message）”的哈希值。节点收到信息，如果哈希值未知，则会向原节点请求数据信息，继而完成信息传播（图 8-3）。如果有人恶意使用清单消息，很可能造成信息传播的延迟。

攻击方法存在于区块和交易传输协议之间（图 8-4）。

---

① Gervais 等“Tampering with the Delivery of Blocks and Transactions in Bitcoin” 2015。

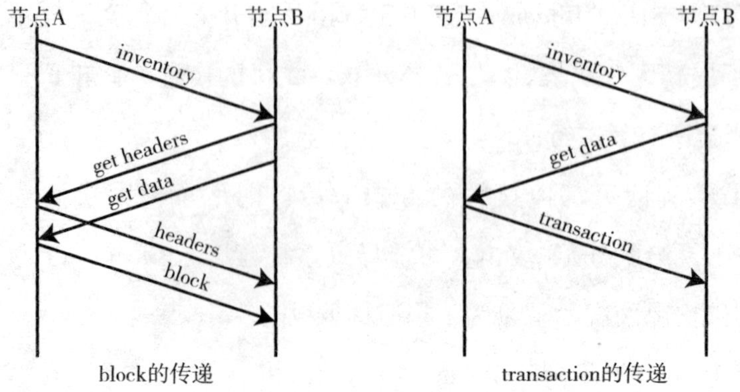

图 8-3　节点间的信息传递

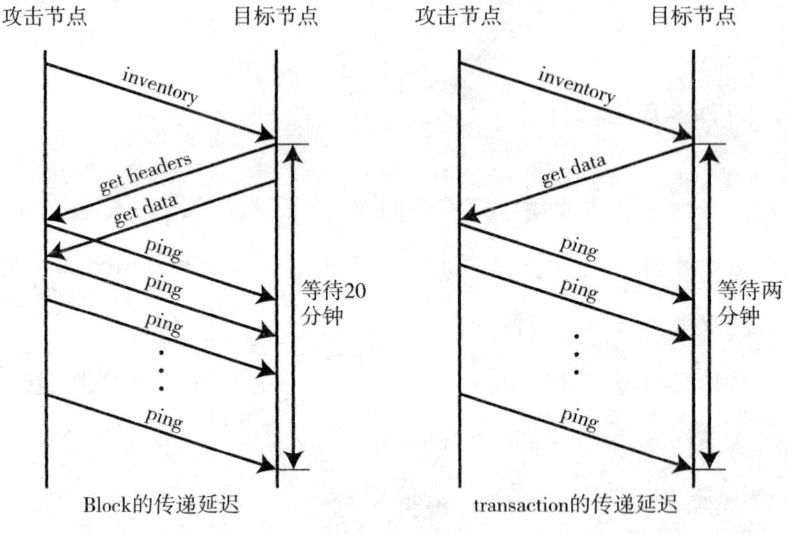

图 8-4　信息传递延迟的原理

攻击节点向目标节点发送消息，对于节点区块头、区块数据的要求，攻击节点只回复“ping”，在超时之前的 20 分钟内，攻击节点尽情占有目标节点的功能，延迟区块的传播。比特币连接的上限是 126，而通常只使用 20 个左右，攻击节点依此占据目标节点的空闲资源，甚至连续抢夺资源。

攻击节点利用交易节点的传输漏洞，发送清单消息后，同样只回复“ping”，直到超时（两分钟）为止，从而大大延迟交易信息的传输。而且清单消息由队列管理，只要占领队列，超时之后，攻击者还可以控制信息传送，甚至可以拒绝传递任意时间点的交易信息。

如果与其他攻击并用，该种攻击的效果将成倍增强，这也是延迟传递的可怕之处。

如果与自私挖矿并用，攻击者就可以用极少的算力控制整个区块链。有观点认为，只要拥有不少于 34% 的资源，就可以控制 50% 以上的区块，进而支配区块链。

另外，这种传递可以无限期滞后，攻击者还可能发起双重支付攻击。如果攻击者攻击所有节点，比特币的服务将陷入全面瘫痪。而攻击所需的计算机能力并不严苛，只要每 20 分钟能发送 600 千字节即可。

针对以上问题，比特币开发者也在考虑对策，以应对攻击，比如放弃清单信息，改向区块头发送信息，改变既有协议；用 IP 地址过滤信息发送者；通过随机选择的方法管理发送方……前项对策（BIP 130）已经写入 Bitcoin 0.12.0 版本。

区块链安全性评价成果备受期待

对很多加密协议来说，虽然协议安全理论上有保证，但受安装和运行环境的影响，还是有可能陷入危险。相比之下，比特币属于前一阶段，其满足何种条件才算是安全的，具体的标准还在研究当中。下面我们就从工作量证明（Proof of work：POW）的区块链入手，介绍解析协议的研究成果[①]。

严格来讲，论文中提及的哈希链与比特币哈希链的构成方法并不相同，评价区块链时，可以从“Common Prefix（共有前缀）property”和“Chain Quality（链质量）property”两方面入手，分析“POW 的成功概率”，意义深远。

POW 型的区块链中，假设遵守协议的诚实（honest）矿工成功概率为 α，不遵守协议的矿工成功概率为 β，人们已经清楚 α 和 β 的数值各为多少。论文认为，人们可以具体评估在满足某种条件后区块链不进行分叉的概率（Common Prefix property）和诚实矿工所生成区块进入区块链的概率（Chain Quality property）。也就是说，不遵守协议者成功生成区块这类情况对区块链所产生的影响程度可以量化。

有趣的是，自私挖矿的情况下，不遵守协议矿工的成功概率 β 可能高于 1/3，而 Chain Quality property 也处于较低水平。这个结果看起来理所当然，其实这是数理模型证明的巨大突破。

我们在分析了原理、理清了资源后，仔细分析实际使用的比特币就会发现，其通信和数据管理的细微之处存在巨大的安全隐患。笔者希望今后有更多的研究着眼于区块链的脆弱性和安全性，构筑更为严密的协议体系。

佐古和惠

NEC 安全研究所 技术主管

古川谅

NEC 安全研究所 主任

① Garay 等“The 位 coin Backbone Protocol: Analysis and Applications”2015。

第 9 章

区块链的重要问题——密钥管理

比特币以及其他区块链的一大特征就是“价值交换”，实现虚拟货币与加密货币的流通。加密货币区块链拥有独自的发行规则和计量单位，如字面意思所示，加密货币的区块链结构以数字签名和哈希函数为基础。主流区块链技术主要在以下方面使用密钥和哈希函数。

- 交易的数字签名（公开密钥加密技术）
- 识别用户（公开密钥）、生成交易 ID（哈希函数）
- 生成交易的哈希树（哈希函数）
- 生成区块的哈希链（哈希函数）

除此以外，管理用户签名密钥的钱包加密技术还能够隐藏交易、控制区块连接。

加密技术是区块链不可或缺的一部分，区块链“不以运用主体的存在为前提，由不同管理员等多个节点组成”，我们有必要从区块链的角度，详细了解一下加密技术特有的密钥管理和加密算法转移等。

9

加密技术论点

为了科学使用加密技术，一般来说，我们需要了解以下几个问题。

（1）是否是安全的加密方式（加密演算方法）？

（2）是否是安全参数（加密的前提是设定参数和密钥长度）？

（3）是否是安全的密码通信协议（使用密码交换设定密钥和信息）？

（4）（1）-（3）是否在适当的软硬件条件下运行？

（5）密钥（数字签名的签名密钥、加密和解密的共同密钥等）是否被妥当保护？

其中，（1）-（3）是加密理论和设计问题，需要参考加密学术界、标准团体领域的专家意见，而专家也致力于研究密码的解读、数字签名的伪造技术。但是，现代加密技术以计算量为基础，随着算力的提高，量子计算机的应用，安全性可能会受到更大威胁。

加密方式（算法、参数和密钥长度等）的选择应当与时俱进。现代加密技术以加密算法和参数为基础，确定密钥的有效期和过渡期限，还可以参考密码研究与评估委员会（CRYPTREC）的“密码清单”[①]和美国的“NIST SP800- 57 密钥管理建议（NIST SP800- 57 Recommendation for Key Management）”[②]等；“CELLOS”则是对加密通信协议进行评价的跨国公司。

下面我们换个新鲜的话题，现在民间流传着关于量子计算机和密码破解的各种传言，需要引起相关人士的关注。

---

① https://www.cryptrec.go.jp/list.html.

② http://csrc.nist.gov/publications/PubsSPs.html#SP%20800.

2010年，加拿大的“D-Wave系统公司（D-Wave systems）”推出了首台商务量子计算机；2017年1月，报道宣布新产品“D-Wave 2000 Q”达到2048量子比特级别，引起世人关注，成为街头巷尾热议的话题。有观点认为，D-Wave等重磅量子计算机登场后，主流加密方法就可以被轻松破解，不过笔者倒是认为这一点还有待商榷。

D-Wave量子计算机引入了“量子退火”算法，它在优化问题和机械学习方面大有助益，但并不会威胁加密技术。密码的破解与质因数分解、离散对数问题有关，它们与量子门组合，属于通用量子计算机的范畴。“舒尔（Shor）算法”可以高效分解质因数，量子计算机可以完成小规模的分解作业。

如今不少企业和研究机构的量子计算机研究取得了丰硕成果，2017年7月，IBM公司就推出了16量子比特的量子计算机（IBM Q）。至于密码破解领域，伴随着通用量子计算机相关研究不断发展，有必要对使用量子计算机破解密码的方法加强研究，有必要基于最新动向加深讨论。

安装与运行问题

（4）是安装问题。即使人们选了恰当的加密方式和协议，如果软硬件不适合，密码也很容易被破解，或者被伪造数字签名等。读者们想必还记得实施OpenSSL的TLS协议时，由于数据长度检查不充分，最终导致漏洞频出一事[①]。

生成签名或密钥的随机数字也需要关注。一旦随机数字出现偏差，

---

① http://www.jnsa.org/secshindan/secshindan_11.html.

攻击者很可能抓住随机数字的特征，趁机非法复制密钥并发动攻击。评估时可以参考“Common Criteria（ISO/IEC 15408）”认证制度，CUVP（Cryptographic Module Validation Program）/ JCMVP 等。

（5）是密钥的运行问题。加密方式科学，软硬件也适合运行，但是，如果忽略了用户和管理员最需要注意的密钥保护，那就前功尽弃了。就好比新家的门和墙壁固若金汤，却把最重要的钥匙放在外面的邮箱里一样，谁都可以轻易侵入。

从攻击者的角度来看，如果想抓住密码漏洞或运行缺陷发动攻击，需要掌握专业知识，拥有高度的技术水平并花费一定的成本；但如果攻击者转而攻击密钥的管理缺陷，直捣黄龙，攻击的难度就小了很多。

针对比特币的恶意攻击不在少数。人们的第一反应往往是使用加密技术，却在实际运用中却忽略了密钥的管理。

使用密钥可以未雨绸缪，区块链也不例外，甚至可以说，区块链对加密技术的依赖程度更高，需要更多关注。未来区块链技术可能发展为社会基础设施，我们也需要着眼中长期，研究加密技术。

本章聚焦于区块链加密技术的应用，整理了签名密钥管理的基本想法，同时着眼于更广阔的领域，介绍加密技术的相关信息，希望对各位读者有所裨益。

什么是区块链的数字签名

在了解区块链数字签名管理的重要性之前，我们首先来思考一下“数字签名的意义为何”。

“公钥基础设施（Public Key Infrastructure, 以下简称 PKI）”是数字签

名的一种，其使用时间久远，相信不少读者一听到“数字签名”，脑海中一定会浮现出 PKI。其实无论是区块链还是 PKI，数字签名都以公开加密技术为基础[①]。

概括来说，签名者（发送者）使用签名密钥生成签名数据，发送给验证者（收件人）；验证者利用验证密钥验证真假，确认是否是本人签名。只有持有签名密钥者本人才能生成签名数据。

人们在讨论 PKI 的数字签名时争论的重点，如签名密钥的管理问题等，与区块链数字签名有共同之处。有一点需要注意的是，区块链是去中心化结构，而 PKI 则以存在值得信赖的第三方机构为前提，这是两者最大的区别。

那么，究竟什么是区块链的数字签名呢？比特币、以太坊等主流区块链的数字签名接收交易信息时，为了确认交易能否执行，会验证数字签名，也就是说，数字签名是确认交易的验证手段。

验证数字签名需要确认交易者身份（密钥）、交易的不可篡改性等。这些一般的数字签名大同小异，不同的是，区块链还会确认交易者（密钥）是否使用指定的加密货币。

区块链的签名密钥与“资产”紧密相连

因为密钥的所有者不得而知，所以验证数字签名的不是人，而是密钥。使用密钥可以转移资产。交易时，系统也要识别密钥（或密钥相关的其他标识符）。这样看来，区块链数字签名密钥不仅关联了用户，其

---

① ISO/IEC 14888-1:2008 Information technology - Security techniques -Digital signatures with appendix.

实也紧密关系着资产，所以一定要妥善保管签名密钥。

PKI 的数字签名可以验证（Authentication）用户、服务器和设备，关系着合同、责任的“不可抵赖性”（发生争论时证明真实性）。特别是不可抵赖性方面，日本和欧盟也称之为“电子签名（Electronic Signature）”，颁布了《电子签名法》（EU 公布了《欧盟 eIDAs 条例》）。PKI 的数字签名是人、服务器、设备与签名密钥间的关联，“认证机构（CA：Certification Authority）”为数字签名进行担保。

区块链的签名密钥与资产相关，PKI 的数字签名连接人、服务器和设备。当然，与认证机构担保类似，区块链的签名密钥也有相同的功能，但这种功能在区块链外部实施，而我们这里只讨论区块链自身提供的功能，所以不作详细分析。

密钥失效：PKI 的失效处理

区块链和 PKI 数字签名的不同点在于签名密钥的失效问题。通过失效处理，PKI 中人、服务器、设备之间的关联即可解除。

如果发生签名密钥文件泄露，或者存储的 IC 卡丢失、被盗等情况，为了防止他人非法利用密钥，所有者可以马上申请失效处理，停用签名密钥。

失效处理的流程如下：所有者（服务器或设备的管理员等）向认证机构提出失效申请；认证机构接受失效申请，将签名密钥（对应证书）记载在失效列表中，并对外公布。

验证数字签名时，系统会首先对照失效列表，如果发现密钥位列其中，则判断数字签名无效。密钥失效后，可以申请创建新的签名密钥，重新关联对象（重新发行证书）。认证机构有效把握签名密钥与所有者间的对应关系是进行上述失效处理的关键。

区块链没有失效处理

比特币的区块链没有失效功能。比特币不依赖第三方，所以也没有受理失效申请的机构。失效处理的前提是，以某种方式确认申请者是否是密钥的所有者。

比特币的区块链中，因为没有主体管理用户，用户自由生成签名密钥，所以根本没有方法判断失效申请是否合法（只有生成签名密钥的本人知道）。

只要拥有签名密钥，任何人都可以进行交易。交易一旦开始，根本无法从后续步骤终结交易。签名密钥在被不法使用前和使用后均没有有效阻止侵害的方法。

从区块链的结构来看，签名密钥有使用次数的限制，密钥的使用时限也有要求，但是这些只能降低密钥被非法利用的风险，而无法在第一时间进行失效处理。用户如果怀疑签名密钥泄露，可以及时将资产关联到新的签名密钥上。

经过与 PKI 数字签名的比较，我们整理了区块链数字签名的含义和特征。区块链的签名密钥与资产直接相关，一旦泄露，影响巨大，而且事后应对也较为困难。所以我们一定要慎重对待签名密钥。

下面我们来了解一下区块链的密钥管理方法，最后再了解一下比特币的多重签名（MultiSignature）。

区块链的密钥管理形式

以比特币为参考，笔者将区块链的密钥管理形式进行如下分类。

（1）软件管理

（2）设备管理

（3）在线钱包（服务管理）

此外，也有纸上印刷的纸钱包等形式。

软件密钥管理

为了保护签名密钥，人们采用加密技术，将其以文件的方式存储于介质（机械硬盘 HDD 和固态硬盘 SSD）中。用户在使用签名密钥时，要输入密码调出加密密钥。

这种方法的优点是可以将密钥复制到多个终端，使用便利，缺点是存在密钥失窃的风险。比如感染恶意软件后，病毒可能会从终端存储器中读取密钥，威胁签名密钥等文件的安全。即使签名密钥有密码保护（加密），如果攻击者取得文件，通过字典攻击的方式一一排除，或者植入键盘记录器，也极有可能破解密码。

设备密钥管理

使用加密货币支付时，签名密钥不可或缺，而接收交易信息等其他情况中却不使用签名密钥。因此可以将签名密钥存储在专用设备中，只在交易时使用，以降低签名密钥感染恶意病毒的风险。

"ARMORY（https:// bitcoinarmory.com）"可以分开管理 PC，某些 PC 在线连接比特币网络，其他 PC 离线存储签名密钥。将在线 PC 生成的交易数据传送到离线 PC，验证密钥真实性。在线 PC 和离线 PC 间的交易数据移动依靠 USB 完成。"pi-wallet（http://www.pi-wallet.com）"利用 ARMORY 原理，是管理签名密钥的专用装置，可以省去离线电脑的步骤。

在数字签名专用设备的安全区域内，生成签名密钥，密钥可以加入循环，但是不能超出区域范畴（备份除外），这样的体系安全性更高。目前，已经有设备实现了上述构想，如"Ledger Nano（http://ledger wallet.com）"等。

服务密钥管理

上面几种密钥管理模式都是由用户自己管理密钥，其实，签名密钥管理还可以交给第三方，也就是（3）利用在线钱包的"服务管理"。用户将密钥寄存于在线钱包中，进行交易、需要使用签名密钥时，直接连接在线钱包即可使用。

为了避免出现混用他人的签名密钥这类情况，人们需要通过在线钱包认证手段（如 ID、密码等）确认访问。有了在线钱包，用户终于能从签名密钥的管理中解放出来，不过依然需要管理在线钱包的认证 ID 和密码，了解其他认证媒体管理的注意事项。

然而，如果服务自身存在安全风险，签名密钥也有可能随之泄露，甚至被他人不当盗用。具体来讲风险包括：用户认证方法存在漏洞，接收协议的接口出现问题，服务后端系统面临风险等。

最坏的情况下，服务管理员自身也有可能非法盗用签名密钥。在线钱包的服务提供者应当负起责任，妥善管理签名密钥，多方寻求对策，以避免其他用户的盗用。

密钥的备份

加密货币交易所虽然不直接保管签名密钥，但为了安全管理用户资产，保护签名密钥，其实也面临着相同的问题。区块链涉及用户的签名密钥管理，PKI 也是如此。

如果遗失了比特币的区块链签名密钥，密钥关联的虚拟货币财产将无法使用（随之一同遗失）。所以不管使用何种管理方法，为了防止遗失密钥，用户都需要备份签名密钥。

签名密钥的备份管理也需要格外注意。一旦备份数据被盗，用户可能要承担相同的损失，后果与遗失签名密钥相当。

HSM：更为严格的密钥管理

在设备管理部分，我们曾经介绍过，可以将签名密钥存储在硬件内的安全区域（防篡改设备和安全元件）中，这样外部就不能直接访问内部的签名密钥，这也是较为理想的方法。下面我们就来了解一下这种方法的具体应用——“分级存储管理（Hardware Security Management，以下简称 HSM）”。

签名密钥与用户的资产息息相关，对在线钱包、交易所等服务者来说，它们需要更为严格的密钥管理，这时 HSM 技术是一项不错的选择。

与设备管理类似，HSM 技术也是将密码和签名密钥存储在安全的硬盘内部，严禁随意带出，在此基础上，限制外部访问硬件，抵御物理破坏，保护其免受攻击，结构相对稳健。HSM 的安全认证制度包括基于“共同准则（Common Criteria）”（ISO/IEC 15408）的认证体系、基于 FIPS 140–2 的 CMVP 和 JCMVP 等。

HSM 的安全认证分为若干个等级，以 FIPS 140–2 为例，具体包括四个安全级别。与每个级别对应，HSM 各种产品的特征也各不相同。比如保护硬件内的密钥资料的物理措施包括：保护硬件不被轻易打开的结构，感知被撬开的装置，撬开后自动抹去密钥的设置等（区块链抹去签名密钥可能产生问题）。

HSM 具备高度安全性，合理使用可以安全管理密钥，达到电子认证机构发行电子证书的安全程度，多用于严格管理的情况。

过去，HSM 只要管理特定机构的签名密钥即可，性能、功能也比较简单。近年来，随着云计算服务的普及，终端用户对服务方密码和签名密钥的管理需求不断提高，HSM 也增加了海量的密钥管理和演算功能[①②]。满足密钥管理和演算功能需求的 HSM 已经出现，适用范围也极大拓展，甚至已经达到区块链的在线钱包、加密货币交易所的使用标准。今后还会在更多的服务中导入 HSM，海外交易所也有不少引入了 HSM 技术。

引入 HSM 技术需要考虑服务的横向扩展性。这里的横向扩展与区块链本身的规模无关，与交易所的服务和安装有关。虽说密钥管理能力有所提高，但是单个 HSM 的处理能力十分有限，可能需要多个 HSM 同时

① https://jp.thales-esecurity.com/thales-esecurity/home/products-and-services/products-and-services/hardware-security-modules.

② http://www.safenet-inc.jp/data-encryption/hardware-security-modules- hsms/.

运行。

从性质上来看，HSM之间的密钥移动相对受限（仅限于备份恢复），所以无法像软件管理那样，动态且自由地配置加密密钥和签名密钥，今后在进行设计时，人们也需要更多考虑HSM需求方横向扩展的需求。

签名密钥的所有者

上文中，我们用较大篇幅介绍了区块链的签名密钥管理，最根本的想法就是，如何保证只有签名密钥所有者（或者有权利使用的人）使用密钥。不过话说回来，签名密钥的所有者又是谁呢？

在比特币的区块链技术中，通过签名密钥的标识符（更严格地说，是由对应签名密钥的验证密钥所生成的标识符）识别用户身份，加密货币的交易无须告知用户的真正身份。

根据服务内容不同，使用加密货币作为结算手段，即使用户不表明身份，交易也可以顺利完成。比如销售数字数据时，分配许可管理的ID后，只要ID和虚拟货币的支付账户一一对应，服务方即可顺利进行交易。在比特币体系中，用户可以在不暴露身份的状态下进行结算和交易，这一特性降低了使用门槛，一定程度上促进了比特币的普及（当然也有负面影响）。

但是，系统有时也需要提供交易对象信息。比如交易需要配送服务，就需要知道客户的住址和姓名，商品的金额和保额，需要通过某种手段来确认对方身份。

在这种情况下，区块链的标识符和交易对象的信息就需要借助其他方式传递给服务方，而获得信息的手段（如用户自我申报，提供严密的官方证件等）受服务内容、提供者和用户的责任限度而不同。

上述例子中，虚拟货币作为一种结算手段，根据服务内容不同，考虑如何验证用户身份。但是对于管理客户资产签名密钥的虚拟货币交易所、在线钱包等服务机构来说，密钥不仅涉及自身服务的责任，还伴有社会责任。

与金融机构相同，除了确认身份之外，这些机构需要承担反洗钱、截断恐怖组织资金、防止犯罪和保护用户等多重责任，任重而道远。

根据《防止犯罪收益转移法》的要求，金融机构有确认用户身份的义务；2016 年 5 月，《资金结算法》修正案生效，加密货币交易所等也被纳入特定事业机构的范畴，按照《防止犯罪收益转移法》的要求，加密货币交易所和金融机构一样，需要实名确认用户身份。

在线钱包、交易所等按照要求，对用户进行严格确认，并与资产管理相关联。特别是在线钱包，为了确保用户和签名密钥对应，从实名验证到限定本人使用，进行了一体化管理①。

在线钱包与远程签名

在线钱包在提供服务时，从实名验证到限定本人使用，进行了一体化管理。从用户登录到使用服务，具体流程假定如下：

（1）服务方确认用户身份。比如通过官方证明（My Number 卡、驾照等）、本人限定的邮件服务等。

（2）使用服务时的账户登记手续。在这一过程中，会创建访问服务

① 参考防止犯罪收益转移法解说（https://www.npa.go.jp/sosikihanzai/jafic/ hourei/law_com.htm）。

的 ID（服务 ID），从用户处取得认证信息（如密码等），也可让用户自行设定；生成签名密钥，或让用户上传已有密钥。

（3）使用服务时，利用服务 ID 和认证信息登录。

（4）用户访问自己的签名密钥，生成交易并发送信息。

场景不同具体流程会有所不同，但大致流程和上面步骤基本一致。从本人与签名密钥匹配的观点来看，任何一个步骤都很重要。在最初确认阶段，要确保一定不能是他人盗用；在登录使用阶段，要规避其他用户冒名登录的风险；在出示数字签名前，也要防止被“冒名顶替”。

经过一系列验证，用户本人与签名密钥、验证签名的交易之间的关系得到维系，过程环环相扣。同时这也再次印证了签名密钥泄露的危险性，因此有必要通过 HSM 技术进行管理。对于应用了 HSM 并设置服务器安全对策的体系，也需要注意物理的盗窃、破坏，以及灾害造成的破坏等。

考虑流程管理时，还可以参考电子签名法研究会提出的“远程签名”理论[①]。“远程签名”也叫“服务器签名（Server Signing）”，欧盟和日本对此话题的讨论十分活跃。尽管它不属于区块链领域，而且主要考虑的是 PKI 的“不可抵赖性”，但是在密钥安全管理、限制本人使用方面，两者其实是有共通性的。

① 参考2015年服务器安全经济基础构筑事业［电子签名、认证业务促进事业（电子签名、认证业务调查研究）］调查报告（http://www.meti.go.jp/committee/kenkyukai/shoujo/denshishomeihou/pdf/h27_004_01_00.pdf）。

多重签名提案

密钥管理的方案多种多样，在本章的最后，我们来了解一下“多重签名”技术。

比特币的签名密钥与个人资产密切相关，泄露或被盗的风险较大。为了降低风险，相比单一的签名密钥，在交易中最好验证多个密钥，一旦签名（全部或指定数量的数字签名）不符，交易就无法进行。

利用不同媒体管理签名密钥，或由在线钱包管理用户、机构的签名密钥，可以大大降低风险。

同时，用户自己保管密钥，该密钥不同于在线钱包存储的签名密钥。这样即使服务方非法盗取用户的签名密钥，也无法进行交易，可谓“固若金汤”。在防止密钥泄露、遭遇不当盗取方面，多重签名技术可谓行之有效。

但容易引起误解的是，从保护密钥的角度来说，上文介绍的多重签名技术并不是解决密钥管理问题的手段。多重签名降低了密钥泄露和不当使用的风险。之前我们提到，安全管理签名密钥十分重要，设置多个签名密钥后，需要管理的签名密钥数量也随之增加。

同样的原理，除了多重签名技术外，还可以选择秘密分散、阈值签名等技术进行分割管理。当然与上文类似，需要管理的隐匿信息也随之增多。

佐藤雅史

西科姆（SECOM）股份有限公司 IS 研究所 交流平台事业部加密、认证基础小组主任研究员

第 10 章

比特币的加密技术终将被破解

区块链与密码、数字签名、哈希函数等加密技术息息相关，对安全加密技术的要求较高。无论是加密技术，还是加密通信协议，攻击者一直在提高攻击手段，加密技术的安全性随着时间的流逝不断降低。即使最初区块链使用了安全加密技术，经过一段时间后，加密技术也会不堪一击，随时可能成为攻击的对象。

以比特币的签名方式为例，现有的 ECDSA（密钥长度 256 位）和哈希函数 SHA-256 技术至少会使用到 2030 年以后[①]，而比特币的新币发行至少持续到 2140 年，之后作为货币继续使用的可能性也很大。

区块链技术长期使用后，外界对签名方式、哈希函数的攻击也愈演愈烈。在威胁到来之前，我们需要及时更新签名方式和哈希函数。这两种技术应用在区块链的各个角落，需要逐一进行考量。本章以比特币模型为范例，介绍交易中的数字签名技术、哈希链使用的哈希函数技术，并具体介绍了两种技术的转移方法。

① National Institute of Standards and Technology, SP 800-57 Part 1 Rev. 4, Recommendation for Key Management, Part 1: General. , NIST, 2016.

数字签名与哈希链的作用

如表 10–1 所示，数字签名与哈希链的作用各不相同，在安全受到威胁和技术转移时，它们的应对方法也有所不同。

表 10–1　数字签名与哈希链的功能和威胁

	主要作用	安全性降低后的威胁案例	转移所需工作
交易数字签名	确认交易者身份、及时感知有无篡改交易	非法复制数字签名密钥（非法窃取资产）	· 更新软件 · 用户更新签名密钥
区块链的哈希链	交易信息储存与区块的证明	伪造历史交易区块（强占过去交易未使用的货币）	· 更新软件 · 更新区块生成者的哈希链

更新数字签名技术是未来交易的保护伞，而升级哈希链技术是交易和区块记录的有力保障。下面我们将依次介绍数字签名、哈希链的转移问题。

数字签名转移面临的课题

在交易过程中，如果数字签名技术不堪一击，攻击者甚至不用窃取签名密钥也可以顺利猜出密码。一旦这种攻击成为现实，就算用户安全保管签名密钥，也将变得毫无意义。在这种事态发生前，我们必须及时改变签名方式，或者增加密钥长度。

区块链的系统软件、管理签名密钥的软硬件（如钱包等）需要与更新后的签名方式、密钥长度一一对应。不过，升级签名方式和密钥后，系统运行的负荷加大，交易增多，区块变大，可能会影响区块链的扩展性[1]。

用户使用软件生成新的签名密钥后，需要重新将密钥与加密货币关联起来。很多用户可能会错过升级签名密钥，或者根本没有意识到事情的重要性，从而继续使用原密码，面临巨大风险。

为了帮助这些用户，区块链、钱包软件以及各种硬件和业界社区论坛应当提供适当指导。

哈希链安全性降低的风险

下面我们来了解一下哈希函数转移对哈希链的影响。哈希链的升级将波及整个网络，所以一定要格外慎重。

区块链使用了数字签名生成（签名运算前的处理）技术、交易和签名密钥（匹配的验证密钥）ID 和签名密钥的生成技术，交易的哈希树、区块的哈希链等都使用了哈希函数。

在原来数据的基础上，哈希函数生成新的数值（哈希值），一般来说，主要具有以下特征：

· 同一数据得出同一哈希值，不同数据得出不同哈希值。

· 无法从哈希值推导原始数据。

以比特币使用的 SHA-256 哈希函数为例，只要输入数据即可得到 256 位（32 字节）的固定长度哈希值。人们无须比较数据大小，根据哈希值就可以判断数据的同一性，哈希值也是数据检索的关键。哈希函数

① 楠正宪，ITpro 区块链是否真正改变世界“区块链可扩展”的神话与现实问题，日经 BP 社，2016 年。

具有安全性和高效性等特点，除了区块链技术外，其在多个领域都有广泛的应用。

工作量证明（POW）利用了哈希函数的上述特征，前提是为获得小于某个数值的哈希值，用户不得不进行大量计算。

哈希函数可以防止人们篡改数据，安全可靠。安全的哈希函数具有原像计算困难性、第二原像计算困难性、冲突困难性等诸多特性。对于每一个特性来说，当安全性降低时，系统面临的威胁各不相同，譬如可以从哈希值推测原数据，或者输入不同的数据却生成了同一哈希值等。如果出现不同数据生成统一哈希值的情况，作为确认数据一致性的重要手段，哈希函数就失去了可信性。

对区块链来说，其安全性降低后，攻击者可能都不用修改交易的哈希树和区块的哈希链，就可以直接篡改交易记录或区块（考察篡改交易数据时，如果交易之间存在关联，如数字签名的连锁等，需要将这种关系纳入考虑）。

如果这些假设成立，区块链历经时间锤炼、成功保持不变的优势就会大打折扣。在哈希函数变脆弱，以上威胁成为现实之前，我们需要先行升级原有的哈希函数。

哈希函数的转移线索——长期签名技术

以比特币为例，图 10–1 简要介绍了从交易开始到哈希链生成的过程。经过多重哈希函数处理，其实每个环节都有可能出现哈希值的冲突，产生威胁，过程较为复杂。

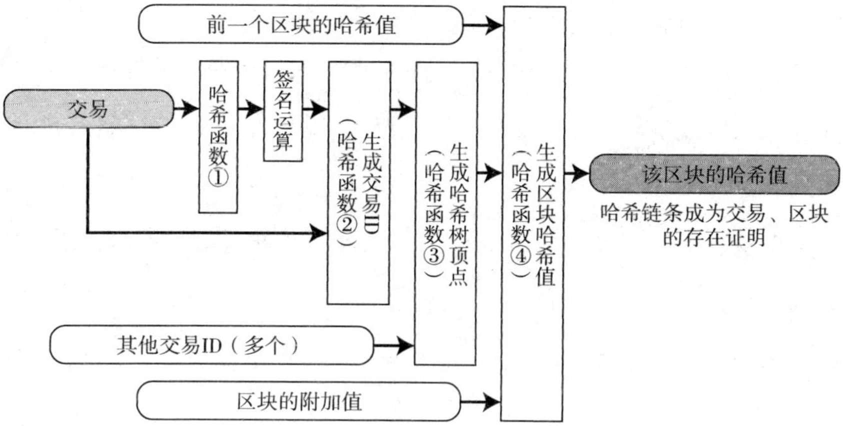

图 10-1　区块链中的哈希链生成

为了简洁地概括重点，我们首先来了解一下长期签名技术，一起思考一下区块链面临的难题。

长期签名技术以“欧洲电信标准化协会（European Telecommunications Standards Institute，以下简称 ETSI）”为中心，是标准化 PKI 数字签名领域的重要技术[①②③④]，可以保障数字签名附带电子数据（电子签名格式）长期有效。举例来说，如果将税务文件、合同、医疗信息等视作需要处理的数字签名数据，数据种类不同，法律规定的保存时间也各不

① International Organization for Standardization (ISO), ISO 14533-1:2014, Processes, data elements and documents in commerce, industry and administration -- Long term signature profiles — Part 1: Long term signature profiles for CMS Advanced Electronic Signatures (CAdES), ISO, 2014.

② European Telecommunications Standards Institute, EN 319 122-1 V1.1.1, Electronic Signatures and Infrastructures (ESI);CAdES digital signatures; Part 1: Building blocks and CAdES baseline signatures, ETSI, 2016.

③ Internet Engineering Task Force, RFC 4998 Evidence Record Syntax (ERS), IETF, 2007.

④ Internet Engineering Task Force, RFC 3161 Internet X.509 Public Key Infrastructure Time-Stamp Protocol (TSP), IETF, 2001.

相同，作为日后出现纠纷时的重要证据，这些信息往往需要长期保存。

这种情况下，使用数字签名时，我们需要注意两个问题：一是证明谁在什么时间生成了数字签名；二是确保长期保存后，数字签名也具有法律效力。

第 1 点，关于“谁”的问题，PKI 认证机构根据签名本人和签名密钥之间的关联（官方密钥证明）进行授权。而关于“什么时间生成”的问题，如图 10–2 所示，第三方机构——时间戳记部门逐一标注时间戳（关联数字签名和时间信息）。

长期签名的情况（生成带有存在证明的签名数据）

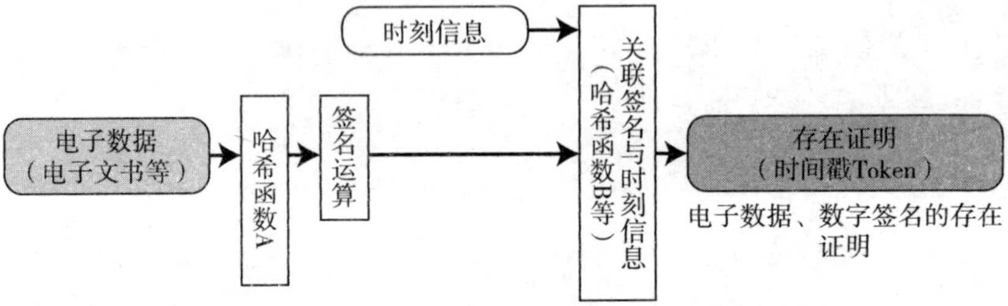

按照长期签名的标准要求，由第三方机构（时间戳记部门关联）关联签名与时刻信息。

图 10–2　长期签名的存在证明（时间戳）

尽管区块链的实际处理和模型有所不同，但对比图 10–1（区块链模型）和图 10–2 可以理解为：“电子数据”相当于“交易”，“存在证明（时间戳 Token）”相当于“区块的哈希值”，为生成存在证明而输入的“时刻信息”相当于“前一个区块的哈希值”（区块链中，哈希链的意义与时间戳提供严格的时刻证明不同，是保障数据顺序的有力证明）。

长期有效的保障

长期签名的另一个重要特征就是“长期有效性的保障”，这是区块链哈希函数转移的关键。随着时间的流逝，数字签名和哈希函数（生成存在证明）的安全性逐渐下降，很有可能出现伪造数字签名和存在证明的情况。面对这些威胁，通过有效性延长的结构，使用长期签名技术后，即使长时间之后签名方式和哈希函数可能面临风险，仍然可以验证其有效性（PKI 的情况下，不仅涉及哈希函数和署名方式的安全问题，还需要考虑官方密钥证书的有效期等，当然长期签名已经包括相应对策）。

面对风险，最基本的思路如下：在数字签名、数字签名对象的电子数据、数字签名的存在证明面临威胁前，用更安全的哈希函数重新建立关联（图 10–3）。而对于新关联来说，只要不产生威胁，过去的数字签名、存在证明（过去得到的部分）依然有效。而一旦出现原有的电子数据、数字签名、时间戳 Token 被伪造的情况，也都可以通过新函数生成的哈希值进行检测。

综上所述，因为签名数据的存在证明离不开第三方机构的时间戳 Token，相对单一，所以很容易解决；但是对区块链来说，为了保障存在证明真实可靠，需要各节点生成数据，组成系列哈希链条。必须充分考虑到两者的不同，对症下药，寻找适合的转移方法，下面我们就来了解一下区块链技术的要点。

长期签名的有效性延长（哈希函数过渡）

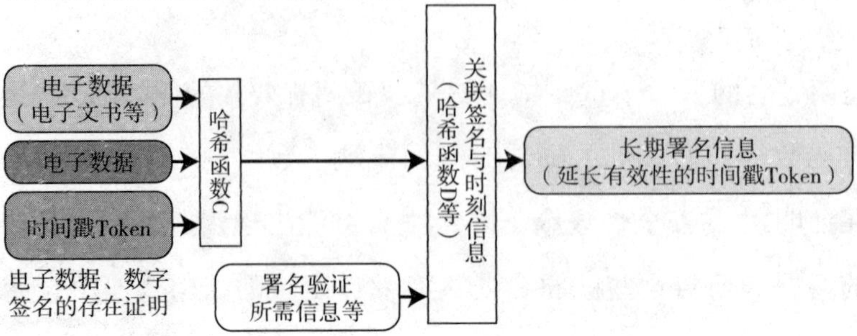

使用更为安全的哈希函数C和D（C和D可以相同），关联最新时刻信息。
按照长期签名的标准要求，由第三方机构（时间戳记部门关联）关联签名与时刻信息。

图 10–3　长期签名的有效性延长

区块链哈希函数转移的注意要点

正如分析长期签名概念时提到的那样，转移的重点是用新的哈希函数强化哈希链，而哈希链是过去交易和数字签名的存在证明。图 10–3 中，首先向哈希函数输入电子数据和签名信息，将区块链中的全部交易数据（包括数字签名）、时刻信息看作一个整体。换句话说，只要将区块链全部原封不动地转移到新的哈希函数上，就可以建立一个新链。

不过这一方法可能并不现实。结合比特币的实际情况来说，2017 年 11 月，区块链的容量约为 140G 字节。假设 2030 年左右进行哈希函数转移，那时的容量预计将达到 800G 字节（单调递增的情况下）。按照常规的区块验证方法，相当于每个节点需要完成 800G 字节的哈希计算，这是一种低效验证。而如果委托特定的节点或机构进行验证，又破坏了去中心化的意义。

此外，选择哪个阶段的区块链作为输入对象也很有讲究，需要确定某一时刻的区块链状态（哈希转移前的状态），需要超出软件的范畴，由用户社区投票决定。

所以，整合哈希链、进行转移的方法看起来简单，却包括了多种问题。

有人说，可不可以不一次性完成转移，分别将单独的交易信息、特定的区块内容输入新函数之中，接下来再分批转移。如果采用这一方法，随着新块（基于新的哈希函数）的产生，过去的交易和区块生成的哈希值会逐渐融合（如图 10-4）。新区块产生的同时，逐渐使用新的哈希函数去强化过去的交易和区块，最终完成全部交易和区块转移。这种方法的优点是，可以避免一次性转移时的投票问题。

不过，在逐渐转移的过程中，需要预估哪个时刻之前的交易和区块、大约可在什么时间前完成转移，储存在新区块内的过去交易和区块的单位等。此外，如何在转移过程中保持区块顺序、顺利完成转移，也是需要考虑的重要问题。从旧区块中读取信息，输入新的哈希函数，这一过程中，如果排除特定交易和区块，或者改变排列顺序，就会损坏过去存在证明的功能。如果有兴趣，各位读者可以参考“Long-term public blockchain: Resilience against Compromise of Underlying Cryptography”[1]，文中详细介绍了区块转移的方法。

① Masashi Sato and Shin'ichiro Matsuo, “Long-term public blockchain: Resilience against Compromise of Underlying Cryptography”, ICCCN 2017 Workshop on Privacy, Security and Trust in Blockchain Technologies, 2017.

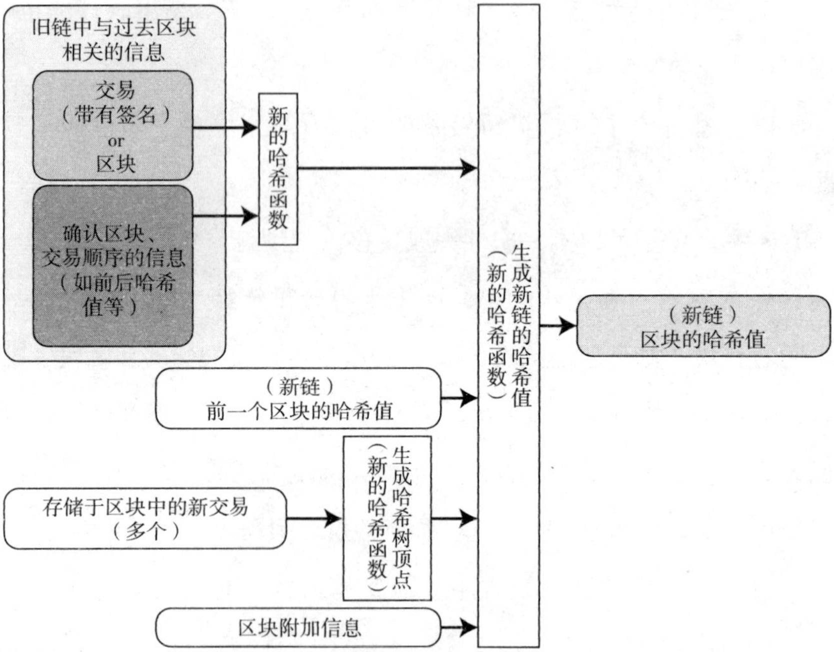

图 10-4　区块链哈希函数依次转移图示

实际转移中的注意事项——PKI

转移哈希函数和数字签名时，即使有了强大技术支撑，转移工作可能也并不一定顺利。先于区块链，PKI 领域已经开始尝试这种转移。在公开密钥证书、数字签名、时间戳等方面，由于传统的哈希函数（SHA-1）和签名密钥（RSA 1024位）安全性不断降低，PKI开始向安全性更高的 SHA-2 函数和 RSA2048 位以上的密钥转移，目前还在进行之中。下面我们就来简单了解一下 PKI 转移带来的启示。

首先，要明确方针。比如考虑到政府的奖励标准，探讨原有方式的用途、使用寿命等。

其次，按照上述方针，具体开展转移。这一过程包括：认证机构重新发行证明（密钥的再发行），更新系统、应用程序和中间件，改变设置。如果使用了上述长期签名技术，还需要更新原有签名数据等。

转移工作会影响到很多系统和部门。为保持系统正常运转，顺利进行转移，政府机构、认证机构、时间戳的服务提供者、评价认定机构、系统和应用程序及中间件的供应商应当密切合作，献言献策，调整课题，妥善解决。

实际转移中的注意事项——区块链

区块链也面临着同样的问题。区块链技术的提供者、普通用户、交易所经营者、区块链智能合约的服务提供者……需要与利益关系方协调具体的转移方针，明确实际操作内容，进行适当调整。

尤其像比特币这样的公链，此前已经因为扩展性的问题闹得议论纷纷，实际转移过程中，调整方向肯定会面临诸多困难。

数字签名和哈希函数的转移是保护用户资产安全的必要措施。实际转移时，区块链系统可能会受到巨大冲击，为顺利完成转移，必须慎重地讨论方针和政策。

那么单以比特币等公链为例，为升级签名方式和哈希函数，究竟需要经过怎样的流程呢？下面我想通过两个例子，与大家共同了解一下具体流程。

例一，已经掌握不法攻击手法，必须尽早进行转移。为保证新签名方式和哈希函数一一对应，必须统一更新软件，替换掉不兼容的节点，也就是所谓的“硬分叉”方法。不兼容软件更新的节点将无法继续进行交易或生成区块。

比特币、以太坊已经有过先例，不管如何注意，“硬分叉”的转移方式始终存在着新旧系统并存的风险。由于没有成功更新软件，可能有用户将直接失去加密资产。

例二，攻击手段尚未知晓，还在犹豫是否转移的阶段。这种情况下，最好是保持与现有软件的兼容性，实现共通使用，也就是“软分叉”的方法。

不应该一刀切掉已有的数字签名和哈希链，直接换成新的哈希函数，应该像长期签名那样，利用新的哈希函数，保障数字签名和哈希链的有效性。

长期签名以第三方机构作为担保，转移起来比较简单。但在区块链体系中，问题的关键是谁来担保。希望学界可以解决这一问题，尽量避免硬分叉，采用软分叉的方法进行转移。

数字签名和哈希函数的转移是保护用户资产的必要措施，但是转移也会给区块链整个系统带来巨大冲击。为顺利完成转移工作，必须慎重地讨论方针和政策。

佐藤雅史

西科姆（SECOM）股份有限公司 IS 研究所 交流平台事业部加密、认证基础小组主任研究员

第 11 章

区块链技术的研发要避开哪些陷阱

到目前为止，我们了解了区块链的基本运行原理，分别从“信任”“共识”“扩展性”“密钥管理”等技术要素入手，掌握了各个方面存在的问题。这些问题的解决并不容易，需要今后进行更多研究。

区块链由多个单独要素组成，为了改变世界，需要信任并保证区块链的长期安全，否则区块链就不能成为全球通用的社会基础。

从各个要素组合的角度出发，本章介绍为保证区块链的整体安全应当关注的问题。

“The DAO 事件”的教训

2016 年 6 月，区块链平台之一——以太坊的“分布式自治组织（Distributed Autonomous Organization，以下简称 DAO）”项目发生了重大安全问题。由于程序设计的漏洞，与最初系统设计的意图相反，大量以太坊中的代币流失。

该事件让人们重新认识到，所谓的区块链“加密技术有安全保障”并不现实。

“保护区块链信息安全”这一基本功能的实现并不简单。

从技术上对区块链进行分类，区块链是一种加密协议（与单一加密技术相比，加密技术与通信的组合提供了一种高度安全的结构）。

为了保持加密协议的安全，人们颇费苦心，诸如网购和网上银行使用的“安全套接层 / 安全传输层协议（Secure Socket Layer/ Transport Layer Security，以下简称 SSL/TLS）”就是重要手段。

协议推动两个通信主体之间互相认证，交换通信专用密钥，进行加密通信。然而，即使 SSL/TLS 内部使用的加密技术安全可靠，协议的设计（组合方式）、程序运行中但凡有一环出现问题，加密的数据就会泄露，近年有多起类似报道[①]。

为了解决问题，运行方也进行了修正，并应用在 TLS 的升级版本——TLS1.3 中，提高安全系数。这些措施提高了加密系统的安全性，也保障了基础加密算法万无一失，是积极的措施[②]。

失去可用性

提到安全问题，则不得不谈可用性（Availability）。可用性是安全的三大要素（保密性、完整性、可用性）之一。The DAO 事件发生时，各方就如何处理被盗的以太币争执不下，最终得出了硬分叉的结论。如果践行这个结论，需要花费很长时间，期间系统与停止状态无异。换句话说，系统失去了可用性。

这种“失去可用性”的情况还有其他表现。比如基础加密技术出

① 参考 CELLOS：加密协议评价技术国际协议。

② 参考Kenneth Paterson and Thyla van der Merwe，“Reactive and Proactive Standardisation of TLS”。

现漏洞，那么所有节点都需要进行升级，当然这种转移势必面临各种困难。

我们再来假设一下，攻击过后，就算没有丢失资产，但是“系统”可能因此必须停止。对攻击者来说，这段时间内停止就是目的。

如果区块链成为社会基础，由于某次攻击而系统停止，社会生活可能受到冲击。所以我们不能单纯地认为区块链的安全只与“比特币”和资产价值相关，这是“改变世界的社会基础”，系统运行时的“信任（trust）”也是攻击和保护的对象。

从应用角度来讲，把现有的区块链技术看作一个“永不停止的系统”，这种观点可能有些操之过急。但是我们要知道，区块链既然是“改变世界的社会基础”，就必须从这一前提出发进行讨论。

安全保护加密技术基础系统的五个层面

系统安全以加密技术为基础，与区块链的技术层面不同，考虑这一问题时，我们更需要关注安全层面。这种观点不仅适用于区块链，也适用于信息系统的安全问题。

下面我们就结合图 11-1，从五个层面入手，了解安全保护加密技术。

（1）“加密技术”层

确保区块链信息免遭篡改的层，如比特币经常使用的 SHA-2、RIPEMD-160 等哈希函数，ECDSA 等电子签名算法。

哈希函数可以将任意长度的数据压缩到一定大小。被称为“密码学的哈希函数”具有“单向性”（原像困难性，也就是说，无法从哈希值推导原数据）、“第二原像困难性”（无法找到与原数据相同的其他数据）、“冲突困难性”（永远找不到两组数据，推导后可以得出同一哈希值）。

2016年，普林斯顿大学纳拉亚南（Narayanan）助教等人提出观点，认为从区块链需要的角度来说，哈希函数应具备“Hiding”（原像保密性）、“Puzzle-friendly”（作为POW等加密暗号的完整性）特性。当下，关于算法性质的学术研究正在如火如荼地进行[①]。

电子签名技术由密钥所有者生成，数据（电子签名）生成后，必须确保未经过任何篡改。为了保障电子签名安全，必须满足“无法伪造性”（EU-CMA：无法利用公开密钥、数据、电子签名伪造对新数据的签名）。

层	安全条件	对应国际标准
运用	安全策略、监察、透明性	ISO/IEC 27000 Series
安装	安全设计、隐私设计、应对攻击对策	ISO/IEC 15408
应用协议	协议的安全性评价	ISO/IEC 29128,IETF
基础协议	加密技术的安全协议的安全性评价	ISO/IEC 29128,IETF
加密技术	加密技术的安全评价	ISO/IEC,NIST

图11-1　保护系统整体安全，应当纳入考虑的五层

为了确保本层的安全性，从20世纪70年代后半期开始，加密技术的学术社区就已经开始进行现代密码的研究，推动标准化工作。有观点

① Narayanan A, Bonneau J, Felten E, et al. Bitcoin and Cryptocurrency Technologies: A Comprehensive Introduction[M]. Princeton University Press, 2016.

认为，无论是哈希函数等加密技术，还是电子签名等公开密钥衍生的加密技术，为了各方“可证明的安全性”，需要建立数学证明框架，验证是否密钥输出越长，密码破解的可能性就越小。遗憾的是，相关论文经过严格的审查，虽然得以在学会上发表，但是在实际验证的过程中，却并没有获得信任。

美国国家标准与技术研究院（National Institute of Standards and Technology，以下简称 NIST）曾公开发起征集，寻找“高级加密标准（Advanced Encryption Standard，简称 AES）”、SHA-3 等哈希函数的通用标准。然而制定 AES 标准花了 4 年（1997 年到 2000 年）时间；SHA-3 时间更久，从最初的工作坊开始计算，一共花费了 8 年（2005 年到 2012 年）时间。加密技术的要求、评估、实际技术提案、理论评价、公平的软硬件评估离不开与学术社区的合作，只有经过严格的学术评估，才能确认加密技术的安全性。

（2）“基础协议”层

加密技术和通信结合，形成确保区块链基本功能安全的“基础协议”层。区块链要求数据没有篡改，在保持去中心化的前提下进行更新。为了达到这一目的，需要将区块、哈希函数连锁性等加密要素，P2P 协议和分布式共识算法等去中心化要素结合起来，验证是否保障系统安全。

这一层中，共有两种学术评价方法：一种是与“加密技术”层类似，采用数学方法证明遭遇攻击的可能性较小；一种是假定加密技术安全可靠，从形式上对组合进行验证。笔者曾经参与过相关框架的国际标准制定工作［ISO/IEC 29128（Verification of Cryptograhic Protocol）］，本书执笔时，区块链领域也开始引入这一标准。

加密学要素方面，既有密码相关的“时间戳”[①]（使用1990年发表的哈希链技术），也有2000年发表的滞后签名（hysteresis signature）[②]，进行灵活应用。另一方面，如上所述，P2P协议和分布式共识技术尚不具备应用条件，两者组合的整体协议也刚刚起步，处于安全性讨论阶段。

（3）“应用协议”层

设计决算和其他商业逻辑的层。

这是区块链应用的协议，涉及比特币的挖矿（mining）和资产转移等众多问题。保护用户隐私是应用的重要条件，对本层来说，隐私保护设计必不可少。此外，设计时还需要考虑如何预防洗钱（Money Laundering）等违法行为。

其实，比特币的世界中引入挖矿这一商业逻辑，也是因为挖矿是避免各个节点的运营者走上歧途，鼓励用户遵守规则的激励措施，换句话说，这种逻辑担负着其他基础协议承担的安全责任。

需要注意的是，设计比特币时，安全问题不能单独划分到某个层面。扩展性及其他层安全问题的解决方案因为“与比特币社区的经济激励背道而驰”，多次遭遇否决，这也是影响设计的重要因素。

以太坊中，已经有人尝试从形式上验证本层的安全性。

---

① 参考Stuart Haber, W. Scott Stornetta,“How to Time-Stamp a Digital Document”、Ahto Buldas and Märt Saarepera,“On provably secure time- stamping schemes”。

② 松本勉、岩村充、佐佐木良一、松本武：《加密电子签名的实现机构（1）定义与概要》，第8次计算机安全研究会（CSEC），pp.13-17, Mar. 2000，参考日立制作所“何为滞后签名”。

（4）“安装”层

将（1）（2）（3）层与程序代码和硬件关联的层。

本层可能因为系统漏洞而产生风险，所以需要经常检查。利用稳定的处理程序可以降低系统风险，除了保护安全外，这种方法也可以保护隐私。

现实当中，无论是硬件还是软件，都随时可能遭遇攻击，攻击的方式也越来越巧妙。比如，收集掌握电力消耗和处理时间等数据，这些看似与破解密码毫不相关（旁路），却可以推导出密钥。为了获取数据，破解密钥，有人在硬件电路中植入某些数据［故障注入（Fault Injection）］；还有人低温冷却记忆芯片，延长信息的保留时间，继而获取信息［冷启动（cold boot）］。我们一定要时刻防御风险。

ISO 15408 规定安全性评价的框架和方法。不过也有人指出，ISO/IEC 15408 要求过于烦琐，对于初创企业来说难度过高。这种说法虽然有些道理，但是对比特币和区块链等庞大的货币体系来说，只有按照这样的框架要求进行开发，才能符合这些标准要求，这关乎区块链技术的未来发展。

（5）“运用”层

包括用户在内，确定加密系统运用、监督方式的层。

从确定系统的安全策略到实际项目中运用安全策略，转化为可实现的形式，这一过程必不可少。

运用必然需要监督，所以需要确立合适的审查方法。另外，为了改善技术，我们也要重视 PDCA 循环［即计划、执行、检查、处理（Plan、Do、Check、Act）］。The DAO 事件引发巨大争论，如何应对系统的脆弱

11

性问题也是本层需要解决的难题。

本层由 ISO/IEC 27000 系列标准、信息安全管理系统（Information Security Management System, 以下简称 ISMS）来规范安保细节。安全策略需要主体来制定，制定的前提是存在社区主体，在去中心化的社区中解决这一问题并不容易。

层间的“假定”可能成为陷阱

为了保持系统整体安全，在分层讨论之前，我们需要注意以下两点。

其一，“保障每层安全，不允许存在漏洞”。不管怎样强大的加密技术，如果安装中存在漏洞，很有可能导致系统漏洞，也就失去了安全保障的意义。比如用户使用安全性极低的密码和认证方式，系统就很容易被攻陷。

Mt.Gox 事件中，用户粗心马虎，监督者也没有履行职责，最终导致系统出现巨大漏洞。

说句题外话，其实比特币创始者——中本聪论文中的信任模型也只是局限于比特币体系之内，并没有考虑与现实货币的交换问题，更没有设计安全保障。换言之，交易所的安全保障问题其实与比特币并无关联。

完成安装后，交易所拥有了集中权利，甚至可能成为“老大哥”（乔治·奥威尔小说《1984》中的国家领导人）。考察系统的安全性和去中心化的关联时，如何按照节点的形态进行分类、监督节点的行为，都是需要关注的重点。

其二，有观点认为“因为分了层，所以与其他层相比，每层技术存在诸多假设（Assumption）”。

举例来说，加密技术存在的前提是，设计者假设所有人都可以安全管理密钥。加密技术并不保障保密性、完全性和身份认证，只是采用数学方式把这些性质保障与每个用户的密钥管理联系起来。

这种变化是巨大的学术飞跃，但是从系统安全的角度来说，也意味着密钥的管理涉及多方责任。如果没有这样的认知，很难产出加密商品，构筑加密系统，也就无法谈及运行商业模式了。

SSL/TLS 脆弱性的另一表现是，“国际互联网工程任务组（The Internet Engineering Task Force，以下简称 IETF）”的协议规范文件中提到“设计者默认某些观点的存在，但是没有书面记录”，这种模糊而错误的认识很有可能被人利用。

综上所述，因为各层默认的假定条件并未告知其他层的安装者，这种龃龉可能影响系统安全。从这个意义上来说，区块链更需要统管全局的技术人员来管理系统整体安全，需要有人能从整体出发进行评估。

利用现有系统的智慧和标准

前文用较大篇幅介绍了区块链技术的安全层，其实普通信息系统也开始考虑分层结构，标准化工作也在进行之中。

针对加密技术，美国国家标准与技术研究院（NIST）以竞赛形式，统一征集密钥标准；日本“密码学研究和评估委员会（*Cryptography Research and Evaluation Committees*，简称 CRYP TREC）”也开展了加密技术的可持续安全性评估研究。

而加密协议的安全性方面，已经建立了 ISO/IEC 29128 框架，将 ISO/IEC JTC1 SC27/WG2 的协议评价纳入视野，推动标准化工作进行。安装层面采用 ISO/IEC 15408 和 CMVP 标准；实际运用等信息安全管理选择了 ISO/IEC27000 系列规范。

为达到标准需求，通常需要花费大量的时间和精力。第三方成立系统安全认证和监督体系，实际上，当下不少社会基础系统都是按照这些标准设计的。

从这点来讲，考虑到旁路攻击等，不经第三方正规认证，区块链就无法成为供人们放心使用的社会基础。比如对于区块链至关重要的密匙管理就不能简单地以为“只要使用硬件钱包就能解决”。

包括比特币在内，区块链研发面临诸多问题，原因主要是没有借助已有智慧，构建相应的体系。特别是比特币，比特币极度追求去中心化，与基于某种权威而建立的国际标准在思想上很难融合，因此有可能阻碍智慧的应用。

以现行标准规定的信息安全框架和智慧为例，在笔者看来，这些技术为区块链保驾护航，发挥了重要作用。社区应当重新考虑去中心化的含义，虽然不愿意出现“老大哥”那种极端情况，但也不能忽略安全体制的建设。

2017 年 1 月 26 日 –1 月 27 日，美国斯坦福大学召开了“Blockchain Protocol Analysis and Security Engineering 2017”国际大会，讨论区块链技术的安全性。2018 年的会议已于当年 1 月 24 日至 1 月 26 日举行。

ISO 也设置了区块链国际标准化委员会 TC307，于 2017 年 4 月正式开始活动。2017 年 11 月，第二次国际会议在东京召开，会上通过了有关安全隐私、身份认证的技术文件，笔者有幸担任了安全技术文件草拟部门的领导。以这些活动为基础，现有标准和全新去中心化结构之间的桥梁已经近在眼前。

为了保障系统安全，与普通的信息系统类似，区块链体系下，实施相关措施会遭遇很多困难，十分艰难。但是也正因为如此，我们更应该在去中心化的新结构中发挥现有智慧的作用，这也是区块链改变世界、成为基础的重要一步。

松尾真一郎

乔治城大学教授　MIT 媒体实验室联络所长（金融加密方向）

第 12 章

区块链带来的商机

本章将主要介绍区块链技术不断发展的全球潮流，“当局者迷，旁观者清”，从第三方的角度客观评价日本国内的区块链技术发展。

本章从宏观角度出发，主要目的是把握区块链技术的整体情况，不会深入介绍常见的加密货币（Cryptocurrency）交易、比特币的经济侧面或者个别项目。本章内容以写作时间——2017年11月中旬的情况为基础。

全球热议的话题

比特币对世界影响深远。随着比特币的普及，“加密货币（Cryptocurrency）”“区块链”“去中心化（De-Centralized）”“分布式账本（Distributed Ledger）”等技术关键词也传遍全球。

与此同时，名为“金融科技（FinTech）”的金融技术革新借助比特币的“东风”，获得了强劲的发展动力。时至今日，特别是在日本，金融科技领域时常提及比特币和区块链技术，这也是两者关系密切的最好见证。实际上，其他章节也有介绍，除了金融科技领域外，区块链技术将在更广泛的领域有所作为，达到人类迄今为止从未达到的技术高度。

从区块链技术的全球发展动向来看，作为 IT 领域的全新基础设施和基础，部分国际标准、论坛已经将区块链技术作为重要的考虑对象。此外，2015 年 12 月，非标准化机构——Linux 基金会（Linux Foundation）提出了“超级账本项目（Hyperledger Project）”，获得极大关注。此后，超级账本项目对外公开了开源的“Hyperledger Fabric”，在区块链领域取得了巨大飞跃。

紧随其后，Web 技术标准化团体——万维网联盟（W3C）举办了工作坊“Blockchains and the Web–A W3C Workshop on Distributed Ledgers on the Web –”；网络标准化机构“国际互联网工程任务组（IETF）”也响应美国瑞波公司（Ripple）提议的“跨账本协议（Inter Ledger Protocol，以下简称 ILP）”——“LEDGER BoF”（并未明确提及区块链，内容仅限于 ILP 协议）。

以此为契机，W3C 和 IETF 陆续实施区块链相关的项目，除了以 Payment 为中心的活动外，W3C 和 IETF 还联合成立了“因特网研究特别任务组（Internet Research Task Force，以下简称 IRTF）”，提议成立“分布式互联网基础设施（Decentralized Internet Infrastructure Proposed RG，以下简称 dinrg）”等，逐渐向标准化方向靠拢（不过遗憾的是，原计划 2017 年 11 月召开、以 dinrg 为议题的“IETF 100 Singapore”会议并未如期举行）。

此外，“区块链和分布式账本技术技术委员会（ISO/TC 307 Blockchain and distributed ledger technologies）”“分布式账本焦点组（ITU-T Focus Group on Application of Distributed Ledger Technology，以下简称 FG DLT）”也在推动区块链的国际合作和标准化发展。

这些发展的背后可能有商业利益的驱动，但也足以表明，全球已经就区块链技术达成共识，区块链技术不是昙花一现，需要制定全球性的规范进行管理。

区块链的应急措施——“分叉（fork）”被频繁使用

除了标准化讨论问题，“分叉”对区块链技术的应用也有着巨大影响，这也是管理层面的重要课题，引发了比特币等全球开发社区的热议。

所谓的“分叉”是指对已经公布的软件进行分叉（fork），继而衍生出新的产品或社区，是一种独立行为，为开源软件（Open Source Software，以下简称OSS）独有的操作。如果从社区的角度来看，分叉其实类似于“分派”行为。

在OSS领域，分叉是管理的保障手段，多用于紧急情况。大多数情况下，需要尽量避免分叉，争取在社区内部解决问题。也就是说，如果发生了分叉，其实也就象征着社区内部协商破裂。

对OSS来说，大多软件都具有自由开发和利用的许可证，属于“自由/开源软件（Free/Libre and Open Source Software，以下简称FLOSS）”，只要符合“基本没有成本、可以复制”的特性，就可以进行分派。当社区的稳定性遭到破坏时，方针相同的成员聚集，通过分叉的方式避免向用户施压，维护软件社区发展（与开发）。

OSS的世界中，存在时间较长、势均力敌的典型分叉案例包括“GNU Compiler Collection（GCC）”和“Experimental/Enhanced GNU Compiler System（EGCS）”等。两者日后合并，也创造了业界一段佳话。除此之外，以OSS办公套件而闻名的“Open Office”和“Libre Office”也是

分叉的产物。比特币中也曾有过“Bitcoin XT”“Bitcoin Classic”“Bitcoin Cash”“Bitcoin Gold”等多种分叉提案。此外，相信读者们也还记得闹得沸沸扬扬的“The DAO 事件”吧，当时就讨论过以太坊的硬分叉、软分叉问题。

需要注意的是，对区块链来说，分叉还有账本分叉的意思。具体来看，虽然是安装社区出现分叉，进而对账本产生影响，但是 OSS 领域的“软件安装分叉”与实际运用中的“账本分叉”其实意义相同。

以太坊的硬分叉、软分叉原意指的并不是社区分派，而是放弃原有的账本和相关结果，从过去某一时刻开始，把新分支作为正式账本，这种分叉与社区和源代码不同，是“账本的分叉”。

然而，社区内部的人对此并不看好，甚至提出了“Ethereum Classic”的社区、软件分叉意见。或许是因为分布式账本的单向性特性，区块链世界经常发生分叉。

比特币的世界没有重新来过。为了修正安装功能，比特币现金（Bitcoin Cash）从社区到账本全部分叉。

不成熟的比特币社区

以下仅为个人观点。其实之所以出现分叉，这都是社区成熟度低的表现。前面提到的 GCC 等 FLOSS/OSS 世界，互联网的 IETF、ISOC、ICANN、IGF 社区等，分叉或类似过程发生时，（包括以后受到影响的部分）都会出现很多错误。实施过程中会采取一系列措施，完善社区承担的区域（范围、区域）、运用策略，以及近来时常提起的“行动准则（Code of Conduct）”。

但是这些措施并不完善。（1）建设安全性等难以进行信息处理的体制；（2）与隐私相关、不可更改的共识形成；（3）Open SSL 等 OS 基础技术领域的可持续化组织建设等等，发展在不断的失败和尝试中艰难前行。

区块链是一项全新潮流，其最大的魅力就是不与过去产生纠葛。有观点认为，区块链有力推动了金融领域的金融科技浪潮发展，从金融领域的历史羁绊中分离出来。

然而，区块链领域突然拥有了大批用户，作为全新的商机获得追捧，在市场中异军突起，还获得了大量资金，表面看起来欣欣向荣。但是在体制尚未成熟的前提下，怪象丛生的社区无法肩负起这样的重担。希望区块链社区今后多多参考其他组织的发展历史，逐渐成长为成熟的社区。

包括比特币在内，今后各个领域还会继续分叉。通过门户互联网站，用户可以每天获得第一手资讯，在此就不赘述了。希望大家关注区块链社区走向成熟的历程，毕竟历史的长河之中，发展多年的因特网和 OSS 社区也还是“资历尚浅”。

相比之下，比特币社区经历少，具有“去中心化”的特征，情况相对复杂。无论是社区还是管理，从发展到成熟必将面临各种困难。包括标准化流程在内，国际合作将成为区块链技术发展的重要因素。

全球区块链商机动态

是否形成技术社区、达成规则共识，这是影响技术应用的重要因素。从极端角度来说，互联网、网络、ISO、ITU-T 的擅长领域、专业分工各有千秋，专家的特性也各不相同。

区块链的商机动向大体分为两类：一类是抓住密码、热潮、跟风的“随波逐流”型；另一类是充分考虑区块链特性，发挥优势，创造新产品的类型。当然两种类型并不泾渭分明，即使是后者，也有可能只是收集信息而已。

作为一种虚拟货币，人们对区块链的期待很高，更期待区块链在其他领域大有作为。商业应用方面，不少人看好“智能合约”技术。“智能合约”是以程序的形式记述合同，在区块链上自动执行的合约。分布式账本广泛公开，透明度高，按照指定条件，节点可以自动处理合同，发生连锁反应，最终各种行为统一纳入区块链之中。

一般来说，智能合约的优点是可以满足合同的真实性、可追溯性，用 C2C（消费者之间的交易）取代第三方的担保。而且，正如字面意思——“聪明的合同”那样，自动处理合同是其巨大的魅力。

合同记录在设备中，可以随时调取，完美规避处理中的各种陷阱。The DAO 就是智能合约应用的代表性案例。

“智能财产（smart property）”“Provenance（起源）”等利用分布式账本的优点，在区块链上记录权利和所有关系，进行科学管理。和比特币相同，可以转让或改变权利所属。此外，“彩色币（Colored Coin）”和“开放式协议（Open Asset Protocol）”也是无人不知、无人不晓的具体应用。

对智能财产来说，隐私问题至关重要。通过账本记录并公布的信息中包含能锁定所有者身份的具体信息，根据用途不同，有时会出现不愿看到的局面。尤其是从社会、文化角度不能明确所有者身份，或调查需要花费很长时间，因此未被看成是问题的一些东西，公开后可能会成为问题。比如土地的所有权方面，如果信息突然公之于众，用户肯定会心生顾虑。

这是公链分布式账本面临的一个重要问题。

金融领域是区块链的主战场

金融领域受比特币的影响最深，是区块链的主要战场，美国 R3CEV 和金融机构就曾经进行的国际性大规模验证实验，与五十多个国家的金融机构共同开展了“私人分布式账本实验（Private Distributed Ledger）”，想必各位读者印象深刻。

2017 年，R3CEV 却表示“利用的 OSS 技术基础（Corda）不是区块链”，大型金融机构也陆续退出国际协议，这些都证明了区块链的未知性。在股票领域，美国“纳斯达克（NASDAQ）”利用区块链技术面向原始股市场推出了“Nasdaq Linq”项目。

区块链技术在金融领域的应用十分广泛，验证实验也是数不胜数。借着“东风”，不少传统领域也推陈出新，与其说是使用了区块链的技术特性，不如说是通过实验，实现了向现代结构的转移。

下面我们来看一些特殊情况。在“贸易金融（Trade Finance）”领域，用分布式账本记录信用证明，可以大大提高业务效率。“相隔两地的对象之间，如何确认、交换信任和价值”，原本解决这一问题需要付出高昂的成本，有了分布式账本后，人们期待利用这种特性早日解决问题。

比特币地址可以识别汇款对象，公开密钥可以验证汇款账户。从这一点来看，ID（Identity）技术和区块链的亲和度很高，可以尝试将区块链应用于ID管理和验证之中。

比如借助分布式账本进行分散会话管理方面，美国“Swirlds”公司开发的区块链变种技术——“哈希图（Hash Graph）”备受瞩目。不过这一方法刚公布不久，还有很多不完善之处。

除此之外，美国微软（Microsoft）公司与“Blockstack Labs”“ConsenSys”公司合作，宣布将打造基于区块链技术的ID管理系统。这一决定响应了联合国《2030年可持续发展议程》号召，通过区块链技术，打造超越的全球性开源ID系统，是打击没有法律身份证明人士（如灾民、难民等）犯罪的有效手段。

该系统是区块链技术的正面应用。在普通的ID管理领域中，为加强管理，大多需要中心化功能；与区块链技术组合后，相比现有技术，技术优势的表现可能有所限定。

为了轻松上手区块链技术，用户需要更加广泛的平台，比如以太坊。另外，微软也开始在Azure系统上试用“Blockchain as a Service（BaaS）”，提供了以太坊、“Tendermint”等多种区块链技术的基础平台。

“布莱切利计划（Project Bletchley）”与区块构建息息相关。此外，日本国内的私链技术也开始兴起，“樱花网络（SAKURA internet）”公司提供mijin验证环境，云计算服务的提供者今后也将陆续加入区块链领域。

除此之外，像“BigchainDB”等分布式存储技术、“RegTech（Regulatory Technology）”等限定领域的应用也是大热的话题。利用RegTech技术，金融领域就可以使用较低成本来“充分了解你的客户（Know Your Customer，以下简称KYC）”，满足有关要求。

日本国内只关注“金融科技”和“私链”

那么日本的状况如何呢？日本已有多个虚拟货币交易所，还有众多以虚拟货币和区块链为主要业务的企业。金融科技领域方面的应用备受关注，各种验证实验的新闻频繁见诸报端。虽然与最初相比，现在的气氛有些回温，但总体仍然保持了狂热的势头。本书创作时，“数字货币首次公开募资（Initial coin offering）”的话题已经连续几天高居热门话题榜榜首，面临的法律课题也堆积如山。

从全球的动态来看，日本的发展十分有限。日本的区块链技术大多应用在所谓的金融科技领域，ICO也不是日本的原创，可以说，日本还未进入区块链运动的中心。

尤其让人感到温度差的领域就是私链。无论是商务领域还是学术研究，全球的目光大多集中在公链上，比如比特币和以太坊等，与之相对的是，日本的话题大多围绕私链展开。

这与区块链解决的问题息息相关。“去中心化”是区块链非常重要的（在笔者看来，可以说是最为重要）要素。在私链领域中，一旦运营者“私下”使用区块链，也就产生了“中心”。也就是说，不知不觉之中，区块链失去了最重要的要素之一（与分叉类似，“去中心化”存在诸多现实的困难，这也是关注的焦点）。

不仅如此，很多情况下，人们往往将分布式数据库想象为区块链的“零件”“组件”。诸如“用以太坊不能实现吗”之类的问题还好回答，“使用RDB数据库和分布式数据库不能实现吗？”笔者多次看到这样提问的概念图和结构图。典型的例子就是为了共享信息，多个组织之间专门引入区块链技术。

此外，精通区块链技术的专家和开发人员也相对缺乏。当然从全球范围来看，技术人才不足是普遍现象，不仅在日本，外国工程师的选择范围也不断扩大。从现状来看，国际技术会议的参加者中，几乎没有日本面孔，而这本应该是绝佳的招聘现场。当然，这也是日本利用区块链特性的实验少之又少的原因之一吧。

包括哈希函数、数字签名等加密技术在内，P2P 通信协议栈、实现交易统合性的软件设计等，这些本是需要高度专业性的领域，入门门槛也有限制，需要各个领域的专家加入。日本的很多研讨会都是滥竽充数，不过最近也开始举办一些高水平的工作坊，机会不断扩大。密切关注业内动向，积极参加活动，支持各项发展，这是区块链领域不可缺少的态度。

可能有人从商业角度出发，认为："如果这样的话，干脆我们使用世界通用标准就好啦，这在 IT 领域中完全可能。"从付出得到的效果来看，这种判断当然有道理。但是纵观全球网络，在改变社会的区块链领域，如果我们始终保持亦步亦趋的追随姿态，永远也无法获得商业先机。电子商务发展中，几乎没有哪家企业追随全球变化的潮流，最后取得成功。

怎样把握机会，笑到最后

本章当中，笔者强调了日本与全球相比的差距，值得庆幸的是，日本国内有关人士已经意识到了这一点。他们在英文资料的基础上开展讨论，用英文撰写论文，抒发不满。也就是说，关注最新信息的人群并没有忽视国外动态，并且始终认真进行调查。区块链技术以互联网为前提，自然也就具有国际化的特性，唯一遗憾的是，区块链的舞台并不在日本。

前文曾经提到，ISO TC 307 将在东京召开会议，说明越来越多的国际化机会开始青睐日本。日本国内的信息传播也不容小觑，比如“日本交易所（Japan Exchange Group, 以下简称 JPX）”公开的工作文件（包括英文文件）就证明了这一点。从金融基础设施的分布式账本观点来看，这种做法可谓验证试验的优秀报告。虽然内容主要还是技术方面的验证，但是其中关于区块链的记述对于商业具有很大的参考意义。

当前阶段，在整个社会范围内普及的区块链技术只有比特币。从单纯的价值移动角度来看，比特币的影响非常巨大。如果从区块链的角度冷静审视这些应用，我们会发现，其实区块链技术还可以在更多领域有所作为。像比特币那样，区块链技术也会为之注入更多新鲜血液。

本来“账本”的概念和用途只是一元化的事物，也就是记录在物理层面的“账本”之中。推翻这一前提的“分布式账本”无疑创造了划时代壮举。不过放眼全球，账本的便利性、分散使用、为双方提供便利等优点应用依然有限，这与想法匮乏有关联。

在这种背景下，至少现在，日本的区块链还没有展现出任何存在感。

比特币、虚拟货币、区块链技术推动发展，与时代变革息息相关，发展迅速且充满魅力。不过过度关注可能导致结果偏离本质，失去市场，相信很多人已经有所感触。

区块链作为一种“基础技术”，超越互联网的规模，蕴含了无限可能。目前区块链的主流尚无人知晓，每个人都有可能成为主角。我们最需要的就是扩展视野，无论是商业还是社区活动，都从互联网规模来思考，站在世界舞台上积极活动。

区块链的世界充满未知和可能，身处其中，我们又能做些什么呢？区块链技术已经发展到了展现本质的重要阶段。

林达也

Lepidum 股份有限公司董事长庆应义塾大学 SFC 研究所 所员

第 13 章

未来区块链

让我们重新回顾一下区块链的概念：在“没有值得信赖的运营者、去中心化的信用模型”中，区块链“记录权利和价值的状态”，是“执行合同和交易”的基础。

借助区块链的技术思想和概念，通信主体从互联网——“值得信赖的运营者”中解放出来，无论是经济活动还是社会生活，终于不再需要一定有值得信赖的运营者了。

然而就算是现实应用的比特币，也没有完全实现上述技术思想。

如果可以将比特币的基础技术——区块链技术分离出来，应用于更广泛的领域，对照应用的各种条件，我们不得不承认，目前的区块链技术还远远不够。

区块链技术的研究者、技术人员已经开始着手解决这一根本问题，为了实现作为社会基础的重要功能，区块链的标准化工作也已经启动，下面我们就来了解一下用户动向和全球发展趋势。

重新思考区块链的完善程度

本书主要以比特币的技术为中心，参照技术思想目标，详细介绍了区块链技术的各种问题。

有趣的是，在这样的背景下，区块链技术的各种属性和特征呈现出“此消彼长（trade off）”的特点，很难同时提高区块链的所有属性。

多数中立的节点践行着区块链的去中心化性属性，节点数量越多，去中心化性的特征就越明显。

如果增加节点的数量，势必要降低节点存储的费用（否则只有有钱人才能运营节点），区块体积就必须缩小。

另一方面，如果节点数量增多，达成“共识”（区块链的“共识”还没有准确定义）需要的处理就要增加，从而失去扩展性。如果提高安全性和隐私，系统的性能和使用体验就会变差，用户需要付出更多精力，承担更多责任。精力和责任增多，节点的数量就会减少，丧失去中心化特性。

如果想扩大区块链技术的使用范围，这种此消彼长就无法避免。与比特币相比，如果出现了更加高速运行的区块链技术，那么肯定是牺牲了某些重要特性。技术知识受到限制，以此为基础，不管怎样考虑，扩展性问题都无法轻松解决。

下面我们结合比特币的例子来一起思考。单个区块的大小约为 1M 字节，区块的更新为每 10 分钟 1 次，按照此消彼长的关系，为了满足技术的平衡，现在的速度已经是最佳比例。反过来说，如果想要扩展应用范围，任何尝试都可能遭遇瓶颈。

每天我们都会看到区块链的创新性进步，这是互联网引导通信去中心化得到的结果。以各种生态系统的经验为基础，综合各种创新想法，有益于区块链的未来发展，所以我们更应该趁现在进行深入思考。

然而关键的区块链技术，特别是公链等重视去中心化的链条，尚不具备这样的功能。如果以互联网为例，好比1990年前后，互联网主干是T1（1.5Mbps）线路，终端为2400 bps调制解调器，数十亿台设备连入网络，提供视频服务，串联社交网络。

当下，区块链还没有余力记录全部信息。最重要的是夯实基础，而这不是几年时间就能完成的。

起初人们也认为互联网不会扩展，然而随着多重化、物理层技术的开发，互联网的性能得到了提升，不过现在仍在摩尔定律的框架内运行。

对区块链来说，如果想扩大规模，至少以下任意一点要有所突破。

· 存储功能大幅降价。

· 互联网通信速度提高。

· 网络分布式处理的同步性增强。

· 充分考虑区块链的障碍模型，寻找更加现实的共识算法。

· 充实 Lighting 等链下协议。

在后摩尔定律时代，上述任意一点的技术研发都不容易。需要注意的是，遵守数学法则的部分并不适用于摩尔定律的扩展规律。

如果是私链，可以假定值得信赖的第三方用途，区块链的性能提高就简单了许多，而且可以通过多种实验进行验证。

不过人们可能会产生疑问，究竟有没有使用区块链的必要呢？比如与区块链类似，如果使用1990年提出的连接式时间戳方法，扩展时间戳服务器的多元性，不考虑拜占庭难题，只思考可能出现的障碍，这种共识算法完全可以满足现有需求，所以我们有必要继续进行深入讨论。

世界技术开发为基础领域注入动力

2017 年 1 月 30 日 -1 月 31 日，美国旧金山举办了名为“Construct 2017”的招待活动，仅限区块链开发人员参加，以美国为中心，最高水平的区块链开发专家齐聚一堂。

笔者与区块链开源项目——“Hyperledger 项目”执行董事（Elective Director）布莱恩·贝伦多夫（Brian Behlendorf）、以太坊核心开发者弗拉德·赞菲尔（Vlad Zamfir）、“数字货币倡议（MIT Digital Currency Initiative）”的研究总监尼哈·纳鲁拉（Neha Narula）参加会议，并有幸登台演讲。讨论的重要主题是如何从学术角度分析区块链协议，并将结果反馈给工程师。

会中首先比较了工作量证明和权益证明的区别，然后就区块链展开话题，分别讨论了如何信任、信任谁的信任模型及用户隐私等，在肯定区块链原有技术的基础上，深入探讨了区块链的扩展性。

除了学术界，开发者对这些话题也极为关注。有听众反馈：“在各领域中应用区块链技术时，究竟会面临怎样的瓶颈，又该如何解决问题呢？”

演讲者达成的共识是：“问题在于可行性和隐私。解决这一问题至少要花 5 年以上的时间。”前文已经谈过扩展性问题，而个人隐私问题因为存在国别差异，隐私框架的构筑可能需要花费更多精力。但是，包括扩展性问题在内，会上并没有讨论究竟要牺牲哪些重要的性质。

“Construct 2017”大会的前一周，也就是 2017 年 1 月 26 日 -1 月 27 日，斯坦福大学召开了另一场盛会——“Blockchain Protocol Analysis and Security Engineering 2017”。研究者和开发者齐聚一堂，讨论如何提高区

块链技术的安全性。这次会议的讨论中心不是区块链的未来应用和构想，没有纸上谈兵，一开始就直奔主题，研究区块链的正常进化过程。2018年以后，斯坦福大学每年都会举办类似会议，2018年的会议已于1月24日至26日召开。

放眼全球，以区块链新服务为卖点的初创企业不在少数。虽然数量有限，其中确实有一部分区块链开发在始终坚持该技术本来的特性，正在朝着将区块链确立为未来基础技术的方向前进。

学术合作不断加速

上面列举的国际会议是开发者社区和学术界的“强强联手”，这种合作起步于2015年，2016年加速发展。这种发展受益于比特币和区块链开发的特殊历程。

将目光投向互联网，以1970年的阿帕网为开端，到1995年商业化的漫长时间内，以美国大学为中心，学术界不断改进技术，最终推动技术走向成熟。

从技术角度来看，首先由学术界开展研究、进行确认，然后企业参与安装，接下来拟定技术标准，最后投入商业化发展。这才是正常进化的过程，是互联网等社会中坚技术的必经之路。

然而反观比特币的发展，2008年，中本聪发表论文，此后参照理论开始应用，以此为基础，迅速发展到商业领域。没有锤炼技术的学术研究活动，标准化工作搁置一边，结果导致诸多问题无法解决，商业发展却更上一层楼（图13–1）。

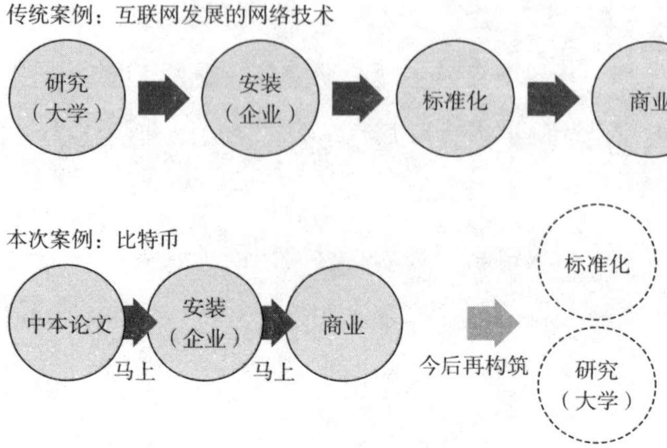

图 13-1　互联网与比特币的技术发展区别

区块链技术与学术界的合作源自共同应对扩容难题。2014 年，随着扩容问题愈发严峻，与比特币价格的利害冲突加剧，再也无法用简单的技术理论来改变区块大小，融合加密、安全、网络和经济学等多种背景的学术研究变得迫在眉睫。

2014 年 9 月，蒙特利尔举办了首届“Scaling Bitcoin Workshop”大会，同年 12 月，在香港召开了第二次会议。为解决区块大小问题，第二次会议中，专家提出了隔离见证技术。2016 年 10 月在米兰、2017 年 11 月在美国斯坦福大学分别召开了第三届、第四届会议，包含隐私问题在内，大会从各种角度对比特币高度化提案进行了讨论。

2018 年度的“Scaling Bitcoin Workshop”于秋季在日本东京举行。本次大会由日本区块链学术联盟“BASE（Blockchain Academic Synazidsed Environment）”主办，承担大会策划事宜，BASE 是一个中立性组织。

以 2017 年登场的 ICO 为开端，与比特币、区块链相关的金钱、政治利益纷争逐渐增加，成为区块链技术正常发展的障碍。

学术界正式研究区块链

从 2016 年末到 2017 年，学术界的区块链研究逐渐加速。首先是计算机科学方面的两大巨头——美国“电气与电子工程师协会（Institute of Electrical and Electronic Engineers）”和美国“计算机协会（Association for Computing Machinery）”分别召开了“IEEE Security and Privacy on the Blockchain（IEEE S&B）”“ACM Workshop on Blockchain, Cryptocurrencies and Contracts（BCC）2017”。

而加密技术的高级别会议——ESORICS 中也举办了“International Workshop on Cryptocurrencies and Blockchain Technology（CBT）”，在各种学术社区中成立了区块链事务的国际会议。

此外，金融系统加密技术国际大会“金融密码使用技术（Financial Cryptography）”特别设立了比特币工作坊，就区块链技术开展讨论。在“2nd International Workshop on Linked Data and Distributed Ledgers”“Workshop on Privacy, Security, Trust & Blockchain Technologies”等会议中，与会者发表了多篇区块链的相关论文，十分踊跃。

对学术研究来说，论文被采纳是莫大的激励。在 2016 年 12 月，利用匹兹堡大学的在线论文系统，区块链学术专业杂志 *LEDGER* 创刊号正式发行（笔者担任该杂志的编辑）。

还有很多借鉴互联网发展历程的学术活动，比如笔者担任共同创立者的“BSafe.network”。“BSafe.network”是基于大学的中立性区块链研究网络，在每所大学设置一个节点，利用实验网络，自由开展研究和实验。除技术层面的研究外，经济和法律层面也会陆续纳入视野。

互联网技术开发过程中，从 1985 年到 1995 年，日本国家科学基金会（National Science Foundation）提供了大量资金支援，最终建立了名为“NSFNET”的实验网络，辅助技术进步并应用到商业网络领域。

与NSFNET类似，业界期待“BSafe.network”网络可以发挥同样作用，推动区块链技术进步。笔者写作过程中，联盟已经在北美、欧洲、亚洲、非洲的25所大学分别设立了节点，日本也有4个节点。2017年开始，联盟以组织化形式运营，正式开始研究。

2018年，以闪电网络为代表的第二层技术公开赛隆重开幕，并在“BSafe.network”上公布了评价结果，为今后区块链和第二层技术的发展作出了巨大贡献。此外，个别大学还成立了以区块链为研究对象的组织。美国麻省理工学院（Massachusetts Institute of Technology，以下简称MIT）的“数字货币倡议（Digital Currency Initiative）”、以康奈尔大学为中心的“加密货币与合约计划（Initiative for Cryptocurrency and Contracts，以下简称IC3）”等都是典型代表。

“BSafe.network”最重要的原则就是中立性。讨论比特币扩容时，先于技术规格确定工作，首先明确与法定货币交换的比特币“价格”，这具有重大的经济激励意义。反过来，对区块链来说，无论是怎样重要的新技术，受经济激励政策的影响，也有可能不被采用。排除万难，始终保持中立环境，这是“BSafe.network”不变的基本方针。

全球区块链技术的学术活动愈发活跃，今后几年是决定其势力版图扩张的重要时机。

中立性学术活动的兴起

着眼于“区块链技术的进步”，日本也开展了一系列中立性质的学术活动。2016 年，东京大学生产技术研究所在生产技术研究奖励会中下设了“分布式账本与应用技术”研究会。2017 年，庆应义塾大学 SFC 研究所设立了区块链实验室。

2017 年 7 月，以日本为中心的 BASE 联盟宣告成立，主要进行国际区块链技术的中立、开放性研究。联盟旨在将互联网技术开发的“WIDE（Widely Integrated Distributed Environment）”项目应用于区块链领域。

东京大学和庆应义塾大学是联盟成立时的核心院校，对区块链感兴趣的国内大学加入联盟，进行广泛、开放的产学合作。

区块链技术还不成熟，处于发展的初期阶段，所以应该与某些商业、经济乃至政治利益划清界限，很多大学和企业与利益关系保持距离，坚持以区块链技术研究开发为己任。

互联网的技术开发中，利用“WIDE”项目，各国产学联合，成果丰硕，并应用到“BSD/Linux”等开源软件中，区块链领域也应当积极效仿。

对于区块链技术的发展和商业应用，有人认为“日本在不断进步”，也有人持悲观看法，觉得“日本已经远远落后”。仅从现有区块链技术的成熟度来看，“全球发展依然呈现不成熟态势，各国均落后于设定目标”。如果将区块链技术的发展比作马拉松，终点是取得与因特网技术相仿的信任，那么现在可能连最初的 1 千米还没跑完。

前文曾经介绍过，“BSafe.network”的第一个节点设立在庆应义塾大学，由日本的大学引领发展。BASE 联盟的活动之一就是发展“BSafe.network”，以 WIDE 为中心，招募网络技术、加密与信息安全等各领域的专家，进行中立、开放的区块链技术开发，这也是日本领先世界的重要机遇。

国际标准化工作刚刚开始，就已暗含玄机

作为社会基础使用的技术，需要拥有较高的品质，具备互换性等特点，拥有国际通行标准。

从目前的区块链成熟度来看，开展标准化工作还为时尚早。随着技术的进步，技术的要求和架构也会发生改变。

不过区块链的标准化工作其实已经开始。Web 标准化团体——W3C 在 2016 年 6 月召开国际会议，从 W3C 的立场出发，讨论区块链关联的标准化项目。

另外，经澳大利亚提案，为适应区块链的标准化进程，在 ISO/IEC 成立全新技术委员会——TC307。首届大会于 2017 年 4 月在悉尼举行，同年 11 月在东京举行了第二次会议。目前大会着手统一区块链领域的专业术语，今后相关领域将陆续制定国际标准。技术标准的制定还为时尚早，参考安全、隐私、身份、用例、参照架构等，现在工作的重点不在于出台标准，而是总结详细的技术报告。

当然这样的标准化动作也引发了疑虑。技术框架不断变化，现在就选择个别技术开展标准化工作，存在为了商业应用刻意加快标准进程的嫌疑。

长此以往，今后出现有效技术时，新技术的标准化工作可能受到阻碍。这种行为也偏离了优良技术的使用准则，极有可能被别有用心的企业、技术人员利用。

ISO/IEC JTC1 加密技术标准——“SC27/WG2”中就曾经发生过类似

的反面案例。SC27/WG2 实施加密技术登记制度，ISO/IEC 9979 规范登记手续，创建多数算法的登记清单。

但是，清单里的技术不一定是安全的技术，甚至还有根本无用的技术。当初只是出于宣传目的，在名单中有意“注水”，纵容某些技术上榜，最终导致公众对标准失去信任，草草收场。此后，SC27/WG2 废除了 ISO/IEC9979 标准，重新开创了 ISO/IEC18033 标准，慎重进行标准的安全性和性能评价。

同理，区块链的标准也不应成为个别企业、技术人员的宣传工具，应该基于中立公平的标准，科学完成标准化工作。对 Web 系列技术来说，界面的确定、安全的运行至关重要，如果使用加密技术，必须慎重确认加密技术的安全性。而眼下，在没有确切评价方法的情况下，必须避免功利的标准化工作。

上文着重介绍了区块链的研究开发和全球标准化动向，可能各位读者已经感受到了日本应用与商业化讨论的不同热度。对日本来说，积累技术重要，但是了解全球通行的游戏规则更加关键。尤其区块链技术的应用没有国境限制，我们更要关注国际动向。如果没有这种意识，日本必将变成又一个“加拉帕戈斯孤岛”。

急速发展的技术与限制措施的关系

进入 2017 年，国际上出现了两大潮流：一大潮流是 ICO 应用于区块链领域，发展得风生水起；另一大潮流则是比特币多次遭遇分裂骚动，四面楚歌。

所谓的 ICO，可以类比“首次公开募股（Initial Public Offerings，以

下简称 IPO）”理解，与“风险投资（VC）”等利益人员无关，由企业直接募集事业资金，打出“资金筹措”的民主化口号，近年来备受瞩目。但是另一方面，很多 ICO 项目暗含了诈骗要素，各国纷纷采取措施，严格进行限制。ICO 合法性、限制措施的讨论还在进行当中，这也不是本书的论述对象。单从技术角度来看，区块链和 ICO 项目的“尽职调查（due diligence）”难以推行。

传统的风险投资和 IPO 项目中，天使投资、风险投资公司经过多个回合的考察，反复确认投资公司的情况。除了财务方面的确认外，也包括技术确认，主要为了保证风险资本控制在预计范围。

也就是说，风险资本其实已经预见到了高失败率，但资本赌的是，即使项目失败，整体基金也会获得利益，达成证券投资组合的最初目的，这是一种可运营的模型。但是，ICO 并没有经过这样的筛选，而是直接将判断权利交给终端消费者。

换个角度来说，普通消费者难以判断 ICO 项目的软件和系统是否正确运作。在旧金山举行的活动中，新兴企业的法务负责人曾经指出，“只能通过 github 才能验证软件”。上文中我们也介绍了判断软件正常运行的方法，其难度可见一斑。对软件专家尚且困难重重，对普通消费者来说可谓“难于上青天”。

在无法确认项目完整性、主办方省略项目说明责任的前提下，消费者一定要慎重。与很多新兴项目一样，“Fail Fast（快速失败）”的商业模式适用于区块链开发，但是专家可以从专业角度计算风险资本的得失，普通消费者的血汗钱却经不起这番考验，更何况这种 Token 对公司没有任何价值，普通消费者根本不具备预测风险的手段，所以希望各位读者一定要多多留意。

第二个潮流——区块链的分裂方面，对于比特币等去中心化的区块链项目，其管理很大层面上都是表面化的。现有区块链网络的运行机制是给矿工比特币作为激励，但是矿工对社区的存在方式、激励机制也颇有微词，只不过目前依然维持着平衡而已。

前文曾经提到过，中本聪在论文中根本没有预想到，比特币居然会与日元、美元等法定货币（Fiat Money）产生联系。然而现实当中，与法定货币兑换的汇率却左右着不少区块链项目的走向。这种汇率并没有正规的信息和理论做支撑，分裂导致汇率波动，汇率波动又会产生新的分裂。

可以说，区块链的激励机制和管理问题已经超出了区块链设计的初衷，不仅仅是计算机科学，还要吸引经济学、博弈学专家加入阵营，设计更加持续、健全的激励机制。

松尾真一郎

乔治城大学教授　MIT 媒体实验室联络所长（金融加密方向）

后记

本书客观介绍了“社会基础技术”——区块链。从现状来看，区块链技术问题重重，但是放眼全球，区块链技术已经步入飞速发展的阶段，令人兴奋。

本书创作时，区块链技术的社会、商业价值已受到广泛关注，发展速度令人惊叹。笔者虽然常年从事区块链技术的研发，却依然感觉自己与飞速进步的区块链技术存在巨大差距。

以 2015 年为分水岭，各种验证试验纷纷登场，但是时至今日，仍没有可持续发展的商业模式出现，足以说明想法与行动之间的深刻代沟。

有的企业早早筹集好了资金，却苦于没有跨越鸿沟的方法，甚至有的企业借着 ICO 的“东风”，干起了诈骗的勾当。

回首过去，现在的区块链与互联网泡沫时代极其相似，只有脚踏实地夯实技术基础，追求核心价值的企业才能笑到最后，成为互联网经济的王者，为用户带来卓越的用户体验。区块链不仅是一种通信技术，也是改变生活、影响经济活动的基础技术，更是改变“国民体验（Citizens Experience）”的基石。

区块链技术影响社会根基，我们应当密切关注，不断推动技术发展，将区块链技术打造成具有全球价值的重要招牌。

如果说区块链的发展是一场42.195千米马拉松赛跑，现在可能刚刚出发5千米，任重而道远。放眼全球，区块链技术的发展还不成熟，也没有哪个国家一马当先。唯有不拘泥于眼前的方寸天地，正确认识区块链的发展趋势，才能与其他国家争夺区块链的最终“宝座”。

松尾真一郎

作者介绍

松尾真一郎

乔治城大学教授　MIT 媒体实验室联络所长（金融加密方向）

1972 年出生于东京，现在美国硅谷居住，工学博士。主要从事加密技术、加密协议的研究开发，担任加密协议安全性评价联盟 CELLOS 的技术工作组主任；加密协议安全性评价框架 ISO/IEC29218 主编；区块链国际学术研究网络 BSafe.network 项目共同创始人；ISO 区块链标准组织——TC307 WG2 安全技术报告项目的项目领导。担任区块链领域多个学术国际会议如 IEEE、ACM 等国际大会、BPASE2018、Scaling Bitcoin 的项目委员；世界首份区块链学术专业杂志 *LEDGER* 主编。参与庆应义塾大学 SFC 研究所区块链实验室、生产技术研究奖励会及分布式账本应用技术研究会（Rc94）的筹建工作，创建了区块链技术的中立性大学学术联盟 BASE（Blockcain Academia Synagized Environment）。过去曾担任加密技术 ISO/IEC 标准的日本首席代表（Head of Delegate），日本总务省、经济产业省的加密技术探讨会成员等。

楠正宪

Japan Digital Design CTO/ 国际大学 GLOCOM 客座研究员

曾在网络综合研究所、微软、雅虎公司工作，2017 年就任“Japan Digital Design”的 CTO。2011 年起担任内阁官房社会保障改革担当室编号制度推进管理辅佐官，2012 年担任政府 CIO 辅佐官，负责 My Number 信息系统构建、政府 IT 战略的制定等。2015 年就任福冈市政策建议官（ICT）、社团法人“OpenID Foundation Japan”代表理事。2016 年起担任经济产业省产业构造审议会商务流通信息分会信息经济小委员会分布式战略工作小组委员，也是 ISO/TC307（区块链和分布式账本技术专门委员会）国内委员会的委员长。

崎村夏彦

野村综合研究所　首席研究员

1989 年进入野村综合研究所，主要从事数字身份研究、相关领域的国际标准化工作。参与“JSON Web Signature[RFC7515]”“JSON Web Token[RFC7519]”“OAuth PKCE[RFC7636]”“OpenID Connect”等多项国际标准的制定。2011 年起担任美国“OpenID Foundation”的理事长，信息处理学会信息规格调查会 SC27/WG5 分会主任。

佐古和惠

NEC 安全研究所　技术主管

从事电子投票、电子抽签、电子竞标等加密协议的安全、隐私、公平研究工作。担任 ISO/IEC JTC1 SC27（信息安全）WG5（ID 管理与隐私）委员，ISO 标准 29191、ISO 标准 20008-2 主编。2012—2013 担任国际加密学会 ASIACRYPT 项目委员长，“Financial Cryptography and Data Security”2018 年项目共同委员长，2013 年执行委员长，2016 年 RSA 大会加密 truck program 委员长，第 26 届日本应用数理学会会长，2017 年电子信息通信学会副会长，工学博士。

佐藤雅史

西科姆（SECOM）股份有限公司 IS 研究所　交流平台事业部

加密、认证基础小组主任研究员

从事信息安全领域的企划、研究、开发工作，尤其擅长电子认证、电子签名（数字签名）领域，致力于标准化工作，曾参与电子签名（长期签名）profile JIS 规格（JIS X 5092/5093）的制定工作，担任 ISO 标准（ISO14533 系列）项目负责人、主编，曾担任健康护理领域电子认证、电子签名规范（JAHIS 标准、ISO 17090-4）方案制定委员等。2013—2014 担任 CRYPTREC 标准推进工作小组委员、JNSA 电子签名工作小组副组长。

林达也

Lepidum 股份有限公司董事长 / 庆应义塾大学 SFC 研究所　所员

曾担任工程师、咨询顾问，2014 年成立 Lepidum 股份有限公司，担任董事长。主要从事应用研究（Applied Research），以技术实用化为实名，以研究开发支援、原型设计为中心，进行软件研发，提供咨询服务。2009 年起参与 IETF、W3C 的标准化工作，2013 年起担任“OpenID Foundation Japan”策划人，2014 年担任同项目事务局局长，2015 年升格为理事。引领身份（ID）、企业社区的领导工作，参与“Internet Society

（ISOC）”、ISOC-JP 的活动，主要活动范围为认证安全、隐私和个人数据等。

古川谅

NEC 安全研究所　主任

从事隐私政策的构筑、个人信息匿名化、隐私保护等研究 7 年，现在主要从事区块链研究。

宫泽慎一

西科姆（SECOM）有限公司　IS 研究所通信平台部门

智能计算技术小组　主管研究员

从事警备领域的大规模分布式系统研发 5 年，应用电子签名的系统研究 5 年，现在致力于大规模分布式系统研究。信息处理学会会员，信息处理学会会刊专门委员（系统领域）。

图书在版编目（CIP）数据

拷问区块链 /(日) 松尾真一郎等 著；艾薇 译 . — 北京：东方出版社，2019.8
ISBN 978-7-5207-0978-1

Ⅰ. ①拷… Ⅱ. ①松… ②艾… Ⅲ. ①电子商务—支付方式—研究 Ⅳ. ① F713.361.3

中国版本图书馆 CIP 数据核字（2019）第 070711 号

拷问区块链
（KAOWEN QUKUAILIAN）

作　　者：［日］松尾真一郎、楠正宪、崎村夏彦、佐古和惠、佐藤雅史、林达也、古川谅、宫泽慎一
策　　划：艾　薇
责任编辑：刘　峥
出　　版：东方出版社
发　　行：人民东方出版传媒有限公司
地　　址：北京市朝阳区西坝河北里 51 号
邮　　编：100028
印　　刷：三河市金泰源印务有限公司
版　　次：2019 年 8 月第 1 版
印　　次：2019 年 8 月第 1 次印刷
开　　本：710 毫米 × 1000 毫米　1/16
印　　数：1—8000 册
印　　张：12.25
字　　数：122 千字
书　　号：ISBN 978-7-5207-0978-1
定　　价：49.80 元
发行电话：（010）85924663　85924644　85924641
